Richard Webster
**Traum-Tiere**
Was sie bedeuten, was sie uns sagen, wie sie uns heilen

# Richard Webster

# Traum-Tiere

## Was sie bedeuten
## was sie uns sagen
## wie sie uns heilen

Aus dem Englischen von Astrid Ogbeiwi

Aquamarin Verlag

## Über Richard Webster

Als Verfasser von über fünfzig Büchern zählt Richard Webster zu den erfolgreichsten neuseeländischen Autoren. Zu seinen zahlreichen Bestsellern gehören *Geistführer und Schutzengel* sowie *365 Wege um das Glück anzuziehen* und die vierbändige Reihe über die Erzengel Michael, Gabriel, Raphael und Uriel. Richard Webster ist ein bekanntes Medium sowie Mitglied der National Guild of Hypnotherapists (USA), der Association of Professional Hypnotherapists (UK), der International Registry of Hypnotherapists (Kanada) und des Psychotherapy and Hypnotherapy Institute of New Zealand. Wenn er nicht gerade auf Vortragsreise ist, lebt er mit seiner Frau und seiner Familie in Neuseeland.

ISBN 978-3-89427-754-3

1. Auflage 2016
© 2011 Aquamarin Verlag GmbH
Voglherd 1 • D-85567 Grafing
www.aquamarin-verlag.de

Titel der Originalausgabe:
*Spirit & Dream Animals*
*Decipher Their Messages, Discover Your Totem*
© 2011 Richard Webster
Llewellyn Publications, Woodbury, MN55125-2989, USA

Übersetzung: Astrid Ogbeiwi

Umschlaggestaltung: Annette Wagner
unter Verwendung von © artshock 235419553 – shutterstock.com

Druck: C.H. Beck • Nördlingen

# Inhalt

Einführung............................................................. 7
Wang Fus System der Einstufung von Träumen...................... 11

TEIL 1
Warum Träume wichtig sind..................................... 19
Wie man Träume erinnert......................................... 32
Tiersymbolik........................................................ 42
Deine Tiertotems................................................... 71
Gestaltwandel........................................................ 94
Die heilende Kraft der Tiere..................................... 106

TEIL 2
Lexikon der Traum-Tiere.......................................... 111
Tierlexikon.......................................................... 119
Schluss .............................................................. 227

Anmerkungen....................................................... 230
Literatur-Empfehlungen........................................... 235

Für meinen guten Freund Jim Hainey

# Einführung

Es war in einem Sommer vor etwa zehn Jahren. Ich schlenderte die Connaught Road in Hongkong entlang, und weil es heiß und schwül war, betrat ich ein Café, um in den angenehm klimatisierten Räumen etwas zu trinken. Ich trank meinen Kaffee in kleinen Schlucken, und dabei fiel mir ein Paar am Nebentisch auf. Eine attraktive Chinesin sprach mit ihrer amerikanischen Freundin über Tierträume. Anscheinend glaubte man, wenn eine Chinesin kurz vor der Schwangerschaft von einem Tier träumte, dann wiese das Kind später die Eigenschaften dieses Tieres auf.[1]

Ich war fasziniert, entschuldigte mich dafür, dass ich ihrem Gespräch gelauscht hatte und beteiligte mich dann daran. Für Träume interessierte ich mich schon seit vielen Jahren, doch an die Tiere, die in unseren Träumen auftauchen, hatte ich bislang noch gar nicht gedacht. Die beiden Frauen hatten gemeinsam das College besucht, einander dann aber etliche Jahre nicht gesehen. Die Amerikanerin war auf Urlaubsreise, und ihre Freundin Lee Tang zeigte ihr mit Begeisterung Hongkong. Über alles, was sich in ihrem Leben seit ihrer letzten Begegnung ereignet hatte, hatten sie sich bereits ausgetauscht. Zufällig hatte ich also genau im richtigen Moment ein paar Worte aus ihrem Gespräch aufgeschnappt.

Ich erfuhr, dass die chinesische Traumdeutung als *Zhan Meng Shu* bezeichnet wird und ein kleines Teilgebiet des *Fangshu*, der Kunst der Weissagung, ist. Man glaubt, dass Träume durch einen Energiemangel ausgelöst werden. Dieser tritt ein, wenn eines der fünf Elemente, aus denen wir zusammengesetzt sind, aus dem Gleichgewicht geraten ist. Die Farben, die im Traum auftauchen, geben Hinweise darauf, welches Organ nicht ganz so arbeitet, wie es sollte. Ist der Traum zum Beispiel in Rottöne getaucht, so ist das Herz aus dem Gleichgewicht geraten. (Grün bezieht sich auf die Leber, Gelb auf die Milz, Weiß auf die Lunge und Schwarz auf die Nieren).

Allerdings werden die Träume einer Frau kurz vor oder unmittelbar nach Eintritt einer Schwangerschaft nicht durch einen Energiemangel ausgelöst, sondern sie erzeugen sogar Energie. Es sind prophetische Träume, die wertvolle Hinweise auf das Schicksal des ungeborenen Kindes geben.

Lee Tang neigte sich zu mir herüber: „Wussten Sie, dass die Mutter des Buddha von einem wunderschönen weißen Elefanten mit sechs Rüsseln geträumt hat, der dreimal ihr Bett umkreiste? Das ist ein klassisches Beispiel für einen prophetischen Tiertraum."

„Haben alle schwangeren Frauen Tierträume?", fragte ich.

Lee Tang schüttelte den Kopf. „Nur bei einem vielversprechenden Kind. Es ist ein Anzeichen für großes Potenzial. Ich glaube allerdings, dass alle Frauen von ihren ungeborenen Kindern träumen. Es gilt als Unglückszeichen, wenn eine Mutter keine derartigen Träume hat." Sie lächelte und hob mahnend den Zeigefinger: „Die Mutter muss den Traum für sich behalten. Meine Mutter hat mir nichts über ihre Träume von mir erzählt. Sie sagte mir, sie habe welche gehabt und sie seien gut gewesen, aber mehr weiß ich nicht."

Sobald ich wieder in meinem Hotel war, schrieb ich so viel von dem Gespräch auf, wie ich nur erinnern konnte. Ich unterhielt mich auch mit etlichen weiteren Menschen über das Thema, konnte aber nicht mehr in Erfahrung bringen. Im Laufe der Jahre las ich meine Notizen über Tierträume immer wieder einmal durch, fügte ihnen aber kaum etwas hinzu.

Bei einem Aufenthalt in Singapur wurde ich dann vor Kurzem einer Dame vorgestellt, die sich auf die Deutung von *T'aimeng*, also Traumvorhersagen über ungeborene Kinder, spezialisiert hatte. Ihre faszinierenden Geschichten entfachten mein Interesse wieder neu und boten mir die notwendige Inspiration, um dieses Buch zu schreiben.

Ein ungewöhnlicher Traum gab schließlich den entscheidenden Anstoß. Kurz nach meiner Rückkehr nach Hause träumte ich, ich führe mit dem Auto in die Stadt. Der Wagen vor mir hatte ein personalisiertes Nummernschild mit der Buchstabenkombination *ANIMAL* (Tier). Eine Woche später befuhr ich ebendiese Strecke tatsächlich und stellte fest, dass der Wagen vor mir ebenfalls ein personalisiertes Nummernschild hatte: *ANAMAL*. Die Schreibweise war etwas anders, aber mir erschien dies als ein gutes Omen. Gleich am nächsten Tag begann ich mit diesem Buch.

Tierträume sind zwar besonders im Osten weit verbreitet, vor allem in China, Korea, Taiwan und Japan, doch sie kommen überall auf der Welt und in allen historischen Epochen vor. So träumte zum Beispiel die Mutter Alexanders des Großen, sie habe mit dem gehörnten Gott Amun Ra geschlafen.

Auch Männer können Geburtsträume haben. In einem Traum sah Philipp II. von Makedonien auf dem Leib seiner Frau einen Löwen auf einem kaiserlichen Siegel. Dies war kurz vor der Geburt seines Sohnes, der Alexander der Große werden sollte.

Auch den wohl berühmtesten aller Geburtsträume hatte ein Mann. Es ist Josephs Traum, nachdem er erfahren hatte, dass seine Verlobte Maria schwanger war: „Als er das noch bedachte, siehe,

da erschien ihm der Engel des Herrn im Traum und sprach: Josef,
du Sohn Davids, fürchte dich nicht, Maria, deine Frau, zu dir zu
nehmen; denn was sie empfangen hat, das ist von dem Heiligen
Geist. Und sie wird einen Sohn gebären, dem sollst du den Namen Jesus geben, denn er wird sein Volk retten von ihren Sünden."
(Matthäus 1, 20-21)

Träume faszinieren die Menschen seit Jahrtausenden. In allen
Teilen der Welt glaubten die Menschen, ihr Traum müsse eine Be-
deutung haben. Wie in den meisten alten Kulturen dachte man auch
in China, Träume könnten die Zukunft vorhersagen. Der Kaiser
stellte Deuter an, die ihm helfen sollten, die Bedeutung seiner Träume zu verstehen. Vor dreitausend Jahren schrieb ein unbekannter
Dichter das *Shijing* oder *Buch der Lieder*, das viele Angaben zu
Träumen und insbesondere zu Tierträumen enthält. Er notierte, der
Traum von einem Bär sei ein Anzeichen dafür, dass das Kind im
Mutterleib ein Junge würde. Der Traum von einer Schlange zeige
die Geburt eines Mädchens an. Beides galt als gleich gutes Omen.

Im Osten setzte die wissenschaftliche Traumanalyse zur Zeit
der Streitenden Reiche (475-221 v.u.Z.) ein. Damals schrieb der
berühmte Philosoph Xunzi sein Buch *Jie Bi*. Darin behauptet er,
Träume seien eine geistige Aktivität, die der Verstand im Zustand
der Ruhe und Entspannung erzeuge. Bis dahin war man der Auffassung gewesen, Träume sagten stets künftige Ereignisse vorher.

Wang Fu, Traumdeuter zur Zeit der Östlichen Han-Dynastie, verfasste ein Buch mit dem Titel *Ch'ien fu-lun* (Über die Potenziale
des Menschen). Darin beschreibt er zehn verschiedene Traumarten.
Zwar war er nicht der Erste, der Träume klassifizierte, doch sein
System war das umfassendste und wird bis heute verwendet. Wang
Fu glaubte, jeder Traum enthalte eine Botschaft, die gedeutet werden könne.

## Wang Fus System der Einstufung von Träumen

1. *Direkte Träume*: Jemand träumt von etwas, das später tatsächlich eintritt.

2. *Symbolische Träume*: Die Symbole in diesen Träumen müssen gedeutet werden. Der Traum von einem Fisch zum Beispiel symbolisiert Fülle, der Traum von Ratten hingegen negative Einflüsse.

3. *Fokussierte Träume*: Wenn jemand ausgiebig über etwas nachdenkt, wird er oder sie wahrscheinlich auch zu diesem Thema träumen. Demzufolge ist es besser, positive statt negative Gedanken zu hegen, weil wir damit für glückliche Träume sorgen.

4. *Absichtsträume*: Wenn jemand intensiv an einem Projekt arbeitet, tut er dies wahrscheinlich auch in seinen Träumen. Setzt ein Handelsvertreter zum Beispiel alles daran, einen wichtigen Abschluss zu machen, wird er wohl auch Träume darüber haben.

5. *Statusträume*: Wang Fu war der Meinung, die Bedeutung von Träumen schwanke auch mit der gesellschaftlichen Position des Träumers. Ein Akademiker, der von einem Drachen träumt, profitiert demnach davon, weil der Drache auf einen Aufstieg hindeutet. Allerdings ist ein Drache mächtig. Daher kann ein Drachentraum für einen einfachen Bauern negativ sein, weil ihm von jemandem in einer Machtposition Schaden zugefügt werden könnte.

6. *Wetterbedingte Träume*: Wang Fu glaubte, dass äußere Reize sich auf unsere Träume auswirken können. Schläft man in einer kalten Nacht ein, in der draußen der Sturm tobt, so kann man sich demnach wohl auf düstere Träume gefasst machen.

7.  *Jahreszeitlich beeinflusste Träume*: Es ist zu erwarten, dass
    unsere Träume in Bezug zu den Jahreszeiten stehen. Im Frühling träumen die Menschen eher von saftig grünen Landschaften und fröhlichem Treiben in freier Natur. Im Winter
    hingegen sind Träume wahrscheinlicher, in denen man ums
    Feuer sitzt, um sich warm zu halten.
8.  *Krankheitsträume*: Wenn Menschen krank sind, haben sie
    eher unangenehme Träume von befremdlichen Tieren und den
    unterschiedlichsten Katastrophen.
9.  *Gegensätzliche Träume*: Manchmal stehen Träume in völligem Gegensatz zur realen Situation. So kann etwa ein junger
    Mann vom Verlust seiner Geliebten träumen, wenn die Beziehung in Wirklichkeit immer enger wird.
10. *Persönlichkeitsträume*: Die Träume eines Menschen stehen
    mit hoher Wahrscheinlichkeit im Einklang mit seinem Naturell. Ein freundlicher Mensch träumt davon, gute Taten zu
    vollbringen, ein Verbrecher hingegen träumt womöglich davon, dass er andere beraubt.

Als der Buddhismus China erreichte, brachte er sehr viel Material
über Träume mit. Dazu gehört auch die buddhistische Auffassung,
dass das Leben selbst ein Traum ist. Für die pragmatischen, bodenständigen Chinesen waren solche Vorstellungen sehr außergewöhnlich. Für sie war es leichter, die Erklärung des Buddha anzunehmen, dass Träume in Zusammenhang mit unserer Ernährung
stehen und auch von unserer Körperhaltung im Schlaf beeinflusst
werden können. Auch der Taoismus trifft viele Aussagen über Träume, und Taoisten haben Traumbücher verfasst, mit denen sie die
Prinzipien des Buddhismus untergraben wollten. So hieß es in diesen Büchern zum Beispiel, es sei ein schlechtes Vorzeichen, wenn
man von einem buddhistischen Mönch träume.[2]

Um jene Zeit wurde *Weissagungen der Träume* verfasst. Zhou Xuans Buch machte ihn berühmt, denn es war das Erste, in dem die Bedeutung von Traumsymbolen beschrieben wurde. Dieses Buch enthielt zwar nur fünfzig Symbole, doch es markiert die Entstehung einer riesigen Welle von Traumdeutungsbüchern.

Im Westen und Nahen Osten war das Interesse an Träumen nicht minder ausgeprägt. Viertausend Jahre alte Papyri, die sich heute im Britischen Museum befinden, enthalten Traumdeutungen, die deutlich machen, dass Träume nach altägyptischer Auffassung die Zukunft vorhersagen. In den Ruinen der Stadt Ninive fanden Archäologen in der Bibliothek des Königs Assurbanipal einen Traumführer.[3]

Das Gilgamesch-Epos, aus dem ersten Jahrtausend vor unserer Zeitrechnung, erzählt die Geschichte von Gilgamesch, dem berühmtesten aller mesopotamischen Helden. Es enthält zahlreiche Berichte über Träume, die oft göttliche Botschaften über Gefahren und potenzielle Siege beinhalten.

Der Bibel zufolge deutete Josef die Träume des Pharaos zutreffend als Vorhersagen für sieben fette und sieben magere Jahre (1. Mose 41, 17-38). Auch der Prophet Daniel legte die Träume von König Nebukadnezar korrekt als Vorhersage aus, wonach der Stolz des Königs zu dessen siebenjährigem Wahnsinn führen würde (Daniel 4, 5-35).

Einige biblische Träume sind Offenbarungen Gottes. Als Jakob von Engeln träumte, die eine bis zum Himmel reichende Leiter hinauf- und hinabstiegen, erschien ihm Gott und sprach zu ihm, Jakob und seinen Nachfahren würde das Land gegeben, auf dem er schliefe (1. Mose 28, 12-16). Das Buch Hiob berichtet davon, wie Gott durch die Träume der Menschen direkt zu ihnen sprechen konnte: „Im Traum, im Nachtgesicht, wenn der Schlaf auf die Menschen fällt, wenn sie schlafen auf dem Bett, da öffnet er das Ohr der Menschen und schreckt sie auf und warnt sie, damit er den

Menschen von seinem Vorhaben abwende und von ihm die Hoffart
tilge" (Hiob 33, 154-17)."[4]

Bis zum Ende des Mittelalters glaubten Christen, dass Träume
göttlich inspiriert sein können. Dann entschied die Kirche, göttliche Offenbarung könne nur durch sie, die Kirche, kommen.

Das Christentum glaubte nicht als einzige Religion, dass Träume
spirituelle Bedeutung haben. Einer buddhistischen Legende zufolge
träumte Königin Maya, ein weißer Elefant sei in ihren Leib hinab-
gestiegen, und wusste daraufhin, dass sie einen Sohn empfangen
hatte. Dieser Sohn wuchs zum Buddha heran.

Der griechische Philosoph Platon (ca. 428-347 v.u.Z.) glaubte, der
Sitz der Träume befände sich in der Leber. Seiner Auffassung nach
kamen manche Träume direkt von den Göttern, andere hingegen
wurden von dem „tierische[n] und wilde[n] Teil der Seele" erschaffen, der „während des Schlafes zu erwachen" pflegt.[5]

Im 2. Jahrhundert u.Z. schrieb der griechische Geograph Ar-
temidor von Ephesus fünf einflussreiche Bücher über Traumdeutung, die sogenannten *Oneirocritica* (*oneiros* bedeutet „Traum" auf
Griechisch). Eine griechische Sekte, die glaubte, Träume könnten
Krankheiten heilen, gewann so sehr an Einfluss, dass in mindestens
sechshundert Tempeln Riten und Opfer abgehalten wurden, um die
richtigen, zur Heilung führenden Träume zu träumen. Außerdem
befragten die alten Griechen regelmäßig Orakel nach der Bedeutung ihrer Träume.

Natürlich glaubte selbst damals nicht jeder an die weissagende
oder heilende Kraft der Träume. Aristoteles (384-322 v.u.Z.) nahm
in seinem Buch *Über Träume* Sigmund Freuds Arbeit vorweg, indem er schrieb, Träume seien die Folge emotionaler Verzerrungen.
Der römische Staatsmann Marcus Tullius Cicero (106-43 v.u.Z.)
schrieb ein Buch mit dem Titel *De Divinatione*, in dem er die
Traumdeutung angriff und verhöhnte.

Der römische Philosoph Lukrez (1. Jahrhundert v.u.Z.) kam zu dem Schluss, Träume handelten von den Dingen, die uns tagsüber interessiert hätten, oder dienten der Befriedigung körperlicher Bedürfnisse.

Mehr als tausend Jahre später vertrat Moses Maimonides (1135-1204) die Auffassung, Träume seien Handlungen einer „imaginären Fähigkeit", die ins Spiel käme, wenn wir schliefen.

Der französische rationalistische Philosoph René Descartes (1596-1650) behauptete, Körper und Geist seien voneinander getrennt, und dieser Dualismus spreche für Unsterblichkeit. Am bekanntesten ist er für seinen Ausspruch *Cogito ergo sum* (Ich denke, also bin ich). Descartes glaubte, der Geist sei ständig aktiv, auch im Schlaf.

Eine neue Ära der Traumforschung begann 1899 mit dem Abschluss von Sigmund Freuds (1856-1939) Monumentalwerk *Die Traumdeutung*. Das Buch beginnt mit den Worten: „Auf den folgenden Blättern werde ich den Nachweis erbringen, dass es eine psychologische Technik gibt, welche es gestattet, Träume zu deuten." Drei Jahre hatte Freud gebraucht, um dieses Buch zu schreiben, und er betrachtete es als eines seiner besten Werke. 1931 schrieb er: „Erkenntnis wie diese fällt einem schicksalhaft nur einmal im Leben zu."

Freud meinte, unsere Träume seien eine Verkleidung für verborgene, latente Bedeutungen, die uns tagsüber verschlossen blieben, aber nachts in Gestalt von Träumen sichtbar würden. Normalerweise handele es sich dabei um unbewusste, infantile Wünsche.

Freuds berühmtester Schüler, Carl Gustav Jung (1875-1961), widersprach ihm in einigen Aspekten seiner Traumtheorien. Jung hielt Träume für ein natürliches Geschehen, das nicht unbedingt eine verborgene Bedeutung haben müsse. Doch selbst wenn, so gebe es für die auftretenden Symbole keine feststehende Bedeutung, weil diese sowohl vom Traum als auch vom Träumer abhinge. Jung fiel außerdem auf, dass Menschen häufig von hilfreichen Tieren oder tierköpfigen Menschen träumen, wenn sie krank sind. In gewisser Weise symbolisieren diese Tiere den Heilungsprozess.

Alfred Adler (1870-1937), der zunächst ebenfalls ein Anhänger Freuds war, betrachtete Träume als einen bestimmten Gedankentypus, der die aktuelle Situation des Träumers, seine Ziele und seine Lebenseinstellung widerspiegelt.

Der amerikanische Psychiater Fritz Perls (1893-1970) war der Begründer der Gestalttherapie. Er glaubte, alles im Traum sei eine Projektion des Selbst des Träumenden. Träume werden daher von Gefühlen erzeugt, und jeglicher Symbolgehalt darin rührt von den Tageserlebnissen des Betroffenen her.

Die Verbindung zwischen Augenbewegungen und Träumen ist zwar seit 1892 bekannt[6], wird jedoch erst seit den 1950er Jahren ernsthaft wissenschaftlich untersucht. Experimente in Schlaflaboren zeigen, dass die geistige Aktivität die ganze Nacht über anhält, Träume hingegen in Phasen schneller Augenbewegungen (den sogenannten REM-Phasen für *Rapid Eye Movement*) auftreten. Menschen, die in den REM-Phasen ihres Schlafes geweckt werden, erinnern ihre Träume in etwa achtzig Prozent der Fälle.[7] So konnten die Forscher zwar Unmengen an Informationen sammeln, doch bis heute ist es nicht gelungen zu erklären, wie oder warum alle Menschen träumen. Träume sind allerdings wesentlicher Bestandteil des Lebens. Menschen, bei denen man die REM-Schlafphasen unterbindet, leiden unter Ängsten, Müdigkeit, Gedächtnisverlust und Konzentrationsschwäche.

Die Verbindung zwischen Tieren und Menschen gehört zu den Grundüberzeugungen des Schamanismus. Der Schamane nutzt sein Krafttier, oder seinen Schutzgeist, um sich mit der Tierwelt zu verbinden und seine Aufgabe zu erfüllen. Häufig geschieht dies

in Träumen. So erscheinen zum Beispiel in den Träumen der Co-
copa aus dem Tal des Colorado River Tiere in Menschengestalt.[8]
Das südamerikanische indigene Volk der Jívaro glaubt, dass ein
Schutzgeist normalerweise zunächst als Tier und dann in einem
Traum in Menschengestalt erscheint.[9] Wenn ein Tier zu dir spricht,
so glauben die Jívaro, ist dies ein schlüssiger Beweis dafür, dass es
sich um dein Krafttier handelt. Dass Tiere in unseren Träumen in
Menschengestalt erscheinen können, ist nicht weiter verwunderlich,
weil beide, Mensch und Tier, gemeinsam auf diesem Planeten leben
und auf vielfältigste Weise miteinander verbunden sind.

Für die australischen Aborigines war die „Traumzeit" jene
Epoche, in der die Welt noch unberührt und neu war und die
Ahnengeister dem Land Form und Gestalt gaben. Einige dieser
Fabelwesen waren Menschen, andere hingegen Totemtiere. Die
Ahnengeister verfügten über die Fähigkeit, sich vom Menschen
zum Tier zu verwandeln, und wenn sie sowohl in Menschen- als
auch in Tiergestalt gelebt hatten, konnten sie wählen, was sie sein
wollten.

Auf einer tiefen Ebene erinnern sich die Tiere immer noch an
ihre Entscheidung. Die großen Fruchtbarkeitsmütter und männlichen Erzeuger erschufen die ersten Menschen. Diese Sagengestalten sind ewig, und obwohl in den Mythen der Aborigines einige
getötet werden, verschwinden oder ihre Gestalt wandeln, bleiben
ihre wesentlichen Eigenschaften erhalten. Spirituell sind sie heute
so lebendig wie eh und je, und die Orte ihrer Metamorphose wurden zu heiligen Stätten. In der Traumzeit ist der Mensch nur *ein*
Teil der Natur und nicht grundsätzlich anders als die Sagengestalten und Tiere, die darin leben. Das Land hat seine Erinnerungen an
die Traumzeit bewahrt, ebenso wie das Volk der Aborigines. Jedem
wird bei seiner Geburt ein Tiergeist zur Seite gestellt, der ihm Führung, Weisheit und Schutz schenkt.

Krafttiere sind immer wohlmeinend. Sie sind da, um dir auf deinem Lebensweg zu helfen, wo sie nur können. Achte auf deine Tierträume. Sei dir auch im Wachzustand deiner Schutztiere bewusst. Rufe sie, wann immer es dir notwendig erscheint, und mache sie zu einem festen Bestandteil deines Lebens. Es wird dadurch in jeder Hinsicht besser und schöner.

# Teil 1

**Kapitel Eins**

• • • • • • • • • • • • • • • • • • • •

# Warum Träume wichtig sind

Alle Menschen träumen jede Nacht. Ja, wir haben sogar allnächtlich mehrere längere Träume.[1] Manche Menschen behaupten, sie träumten nie, aber dem ist nicht so. Träume verblassen lediglich schnell in unserer Erinnerung. Zum Nachweis haben Wissenschaftler an der Universität Chicago mit zehn Probanden ein Experiment durchgeführt. Über einen Zeitraum von einundfünfzig Nächten wurden die Teilnehmer zu unterschiedlichen Zeitpunkten geweckt. Wurden sie während REM-Schlafphasen geweckt, konnten sie in sechsundvierzig von vierundfünfzig Fällen eine detaillierte Beschreibung ihrer Träume abgeben. Weckte man sie jedoch fünf Minuten nach der REM-Phase, gab es keine detaillierten Berichte mehr; in neun von elf Fällen wurden jedoch „Fragmente" erinnert. Bei einem Wecken zehn oder mehr Minuten nach der REM-Phase, wurde nur in einem von sechsundzwanzig Fällen ein Traumfragment erinnert.[2]

Wissenschaftler haben außerdem nachgewiesen, dass Menschen, die man vom Träumen abhält – indem man sie jedes Mal weckt,

wenn sie in eine REM-Phase eintreten – krank werden. Dies zeigt,
dass Träume für unser körperliches und seelisches Wohlbefinden
notwendig sind. Aufgrund dessen gibt es die Theorie, dass wir nur
schlafen, um zu träumen. Wenn dem tatsächlich so ist, dann zeigt
dies, dass unsere Träume mindestens so wichtig sind wie unsere
Gedanken im Wachzustand.

Für uns selbst sind unsere Träume wichtig, für andere sind sie
jedoch meist weniger interessant. Wenn du einmal beobachtet hast,
wie jemandem fast die Augen zugefallen sind, während du ihm deinen Traum erzählt hast, dann weißt du, was ich meine.

Das Geheimnisvolle, beinahe Surreale der Träume macht sie zu
einem Quell unendlicher Faszination, und es verwundert nicht, dass
der Mensch seit prähistorischer Zeit versucht, Träume zu analysieren und zu verstehen.

Auch Tagträume sind wichtig und spielen in unserem Leben eine
wertvolle Rolle. Ihre Auswirkungen auf unseren Alltag sind allerdings nicht ganz so tiefgreifend wie bei den Träumen, die wir im
Schlaf erleben. Wenn wir schlafen und unseren Alltag vorübergehend losgelassen haben, zeigen unsere Träume uns Aspekte unserer selbst, die wir entweder verbergen oder von denen wir womöglich noch nicht einmal wissen, dass es sie überhaupt gibt. Unsere
Träume können erstaunliche Erkenntnisse offenbaren. Sie helfen
uns, mit den Belastungen und dem Druck des Alltags umzugehen.
Durch sie können wir unsere Enttäuschungen, unsere Ängste und
unsere Wut so ausdrücken, dass andere nicht verletzt werden. Sie
können uns beschützen, indem sie Einblicke in die Zukunft vermitteln. Mit anderen Worten: Unsere Träume ermöglichen es uns, mit
dem Leben zurechtzukommen.

Leider sind unsere Träume oft schwer verständlich. Häufig enthalten sie Symbole, die gedeutet werden müssen. Diese Symbole
können in vielerlei Gestalt auftreten, doch Tiere kommen anschei-

nend häufiger vor als alles andere. Deshalb wird Tierträumen seit jeher große Aufmerksamkeit gewidmet.

Eine Dame konsultierte Carl Gustav Jung, weil sie einen Traum gehabt hatte, der sie beunruhigte. Es ging darin um ein kleines mechanisches Tier, das ganz aus Diamanten bestand. In ihrem Traum war es lebendig und bewegte sich. Jung sagte ihr: „Dies soll Ihnen beweisen, dass das Unmögliche möglich ist. ... Sie sind nicht offen für Wunder, und hier sind Wunder. In der Welt der Psyche können Wunder geschehen."[3]

Ein weiteres Beispiel dafür, dass Tiere in einem Traum als Symbol für etwas anderes auftreten, ereignete sich bei einem Geschäftsmann und Klienten des Jungianischen Analytikers Fraser Boa. Der Mann träumte, er sei in ein großes Haus gegangen und habe dort eine Ausstellung mit Gemälden und Zeichnungen verschiedener Tiere gesehen. Dann betrat er einen anderen Raum, wo ein Mann ihn fragte, welches Kostüm er anlegen werde, und ihm einen Malerkittel reichen wollte. Der Geschäftsmann konnte die Gemälde als Symbole der Romane und anderen Werke deuten, die er hätte schreiben sollen. Der Kittel zeigte, was er tragen sollte, wenn er mit dem Schreiben ernst machen wollte.[4]

Auch wiederkehrende Träume kommen häufig vor. Sie sind ein Anzeichen dafür, dass eine wichtige Botschaft nicht bis in unser Bewusstsein vordringt. Es lohnt sich, ernsthaft über wiederkehrende Träume nachzudenken, weil die versteckte Botschaft normalerweise für unsere weitere Entwicklung ausschlaggebend ist. Ein Bekannter, heute ein erfolgreicher Künstler, träumte immer wieder von einer Schar Gänse, die aufgestört wurde und deshalb aufflog. Nach etwa drei Monaten erkannte er schließlich, dass die Gänse versuchten, ihn dazu zu motivieren, die Kunst zu seinem Hauptberuf zu machen.

Mit Ende zwanzig hatte ich einen wiederkehrenden Traum, den ich noch so deutlich erinnere, als hätte ich ihn erst gestern geträumt.

In meinem Traum ging ich auf der Suche nach einem fehlenden Kätzchen durch einen Wald. Ich konnte sein klägliches Miauen hören, doch mir war, als verbrächte ich Stunden mit der Suche nach ihm. Als ich es endlich gefunden hatte, nahm ich es in den Arm und spürte, wie mein Herz sich auf ein Mehrfaches seiner normalen Größe ausdehnte. Ich deutete diesen Traum als ein Zeichen, dass ich den Weg einschlagen sollte, den ich wirklich liebte, und nicht die Berufslaufbahn, die ich damals anstrebte.

Wiederkehrende Träume treten manchmal in Form von Albträumen auf, und diese können einen in Angst und Schrecken versetzen. Wiederkehrende Albträume sind ein Anzeichen dafür, dass der Träumer oder die Träumerin wesentliche Aspekte seines oder ihres Wesens ablehnt. Es ist wichtig, dass du beim Aufwachen so viel aufschreibst, wie du nur erinnern kannst. Lies das Geschriebene etwas später noch einmal durch und schaue, ob du die Symbolik deines wiederkehrenden Albtraums deuten kannst.

Ich habe eine ganze Reihe von Menschen kennengelernt, die ihre Träume gut erinnern können, jedoch nicht wissen, ob je Tiere darin vorgekommen sind. Ich glaube, jeder Mensch träumt hin und wieder von Tieren, wer jedoch Tiere liebt, tut dies anscheinend häufiger. Ich mochte Tiere immer schon und hatte im Laufe meines Lebens viele verschiedene tierische Freunde. Daher sehe ich in meinen Träumen häufig Tiere, selbst wenn sie lediglich im Hintergrund bleiben.

Erst neulich habe ich von einem kleinen Ferienhaus am Meer geträumt, in dem wir in meiner Kindheit einen Sommer verbracht haben. Seit über fünfzig Jahren bin ich nicht mehr dort gewesen und kann mir nicht vorstellen, warum ich plötzlich davon geträumt habe. In meinem Traum ging ich auf die Eingangstür zu. Kaum stand ich davor, ging die Tür auf – und eine große schwarze Katze kam heraus. Sie strich mir um die Beine und trollte sich dann in

den Garten. Ich ging ins Haus, und dort nahm der Traum seinen
Fortgang. Die Katze spielte darin keine Rolle mehr und ist vielleicht überhaupt nur aufgetaucht, weil ich Tiere liebe und erwarte,
dass an schönen Orten Tiere leben. Ihr Auftreten könnte jedoch
auch einen symbolischen Grund gehabt haben, weshalb ich ihrer
Erscheinung in meinem Traum später besondere Aufmerksamkeit
gewidmet habe.

Meist spielen Tiere in unseren Träumen eine positiv unterstützen-
de Rolle. Sie lehren uns, natürlich und instinktiv im kostbaren Jetzt
zu leben, statt uns über Dinge den Kopf zu zerbrechen, die womöglich niemals eintreten. Sie können uns beibringen, für uns selbst
einzustehen, und zugleich können sie uns unser wahres Wesen ins
Bewusstsein rufen.

Robyn, eine meiner Kursteilnehmerinnen, kam eines Abends völlig aufgelöst zum Seminar. In der vorangegangenen Nacht hatte sie
von einem Adler geträumt, der an einem Geländer festgebunden
war. Seine Federn waren zerzaust, er wirkte geschlagen und beinahe so, als habe er sich aufgegeben. Plötzlich sah er auf und erblickte
einen anderen Adler, der hoch am Himmel flog. Der angebundene
Adler wurde sichtlich größer und kräftiger, als er dem anderen Vogel zusah. Er schüttelte das Bein, das an dem Geländer festgebunden war, aber das nützte nichts. Die Fessel saß zu fest. Doch der
Adler schaute erneut zum Himmel, breitete die Schwingen aus und
erhob sich dieses Mal in die Lüfte. Sowie der Adler sich majestätisch aufschwang, um den anderen Vogel zu begrüßen, schien die
Fessel sich aufzulösen.

„Das war ich!", rief Robyn aus. „Der gefesselte Vogel war ich.
Jahrelang war ich gefangen und saß in der Falle, aber jetzt weiß
ich, dass ich mich daraus befreien kann. Ihr werdet schon sehen!"

Dieser Traum gab Robyns Leben wie von Zauberhand eine völlig
neue Wendung. Sie befreite sich aus einer beruflichen Sackgasse

und löste eine aussichtslose Beziehung auf. Sie holte ihren Studien-
abschluss nach, und als ich ihr das letzte Mal begegnet bin, plante
sie gerade ihre erste Reise nach Übersee. Träume können tatsächlich das Leben verändern.

Ein Geschäftsmann berichtete mir von einem Traum, den er in
der Nacht vor einem wichtigen Vertragsabschluss gehabt hatte.
Damals hegte er Zweifel am Inhaber des anderen Unternehmens,
ignorierte diese aber, weil die Zahlen stimmten und der Handel äußerst lukrativ schien. In seinem Traum gab der Geschäftsmann eine
Cocktailparty. Er genoss die Party, bis eine schöne, ganz in schwarz
gekleidete Frau den Raum betrat. Sie ging direkt auf ihn zu, und
im Näherkommen sah er, dass zwischen ihren Brüsten mindestens
ein Dutzend Giftschlangen hervorkrochen. Er schrak zurück, und
die Frau verschwand. Am nächsten Morgen lehnte der Geschäftsmann es ab, den Vertrag zu unterschreiben, weil er die Schlangen
als Warnhinweis betrachtete, dass nicht alles ganz legal war.

„Dies war das einzige Mal, dass ich einen solchen Traum gehabt
habe", meinte er zu mir. „Die Logik sagte mir, ich solle den Vertrag unterzeichnen, aber mein Gefühl sagte, ich solle ihn ablehnen.
Eine Zeit lang glaubte ich, ich hätte mich falsch entschieden, doch
etwa ein Jahr später brach die Firma zusammen, und es wurde ein
riesiger Betrug aufgedeckt. Ohne den Traum hätte ich den Vertrag
unterschrieben."

Tiere tauchen oft dann in unseren Träumen auf, wenn wir eigentlich wissen, dass eine Veränderung ansteht, aber nichts in dieser
Richtung unternehmen wollen. Vielleicht sind wir ja in unserem
alten Trott einigermaßen zufrieden, doch unsere tierischen Helfer
wollen dies nicht hinnehmen. Sie erscheinen und stören uns so lange, bis wir es endlich begreifen und etwas ändern.

Christopher hatte eine gute bezahlte Stelle in der Computerbranche. Er besaß eine schöne Baritonstimme und hatte sich früher ein-

mal Hoffnungen auf eine Karriere als Opernsänger gemacht. Nach seinem Abschluss an der Musikhochschule fand er, es sei an der Zeit, etwas Vernünftiges zu tun, und erwarb sich Computerkenntnisse. Doch so steil es für ihn in der Computerbranche auch aufwärts ging und so viel Geld er Monat für Monat auch nach Hause brachte, es blieb eine innere Leere. Außerdem träumte er ständig von einer Ziege. In seinem Traum versuchte Christopher, die Ziege in ein Gatter zu sperren. Doch immer wenn er es geschafft hatte, gelang es der Ziege, wieder auszubüxen, bevor Christopher das Gatter schließen konnte.

„Die Ziege in dem Traum war ich", erklärte mir Christopher. „Und ich war natürlich auch ich selbst. Ich habe versucht, mich in eine kleine, quadratische Kiste zu sperren, aber das andere Ich, die Ziege, wollte ihre Freiheit und ließ das nicht zu. Es war sogar genau das richtige Tier. Ziegen sind sehr störrisch, und das beschreibt mich auf den Punkt. Als mir endlich klar war, was der Traum bedeutete, gab ich meinen Beruf auf. Damit habe ich alle verärgert – meine Verlobte, meine Eltern, sogar meinen Bruder. Aber jetzt bin ich auf der richtigen Spur. Ich werde Opernsänger."

Traum-Tiere können uns die verschiedensten Anstöße geben und lehren uns, uns selbst nicht so ernst zu nehmen.

Humphrey ist Buchhalter, und sein Schrank ist voll mit konservativer Kleidung. Am Arbeitsplatz muss er sich konservativ kleiden, aber selbst seine Freizeitkleidung ist sehr gedeckt und langweilig. Eines Nachts träumte er, in seinem üblichen Einkaufszentrum sei ein Huhn. Humphrey war ganz bezaubert vom Anblick des Huhns an einem so ungewöhnlichen Ort und folgte ihm in ein Herrenmode-Geschäft. Dort sah er sich verschiedene Kleidungsstücke an. Jedes Mal reagierte das Huhn ganz aufgescheucht und versuchte, ihn zu einem Ständer mit Freizeitkleidung in hellen Farben zu lotsen. Das Huhn gab sein verrücktes Getue erst auf, als Humphrey sich

diese Kleidung ansah. Immer, wenn er versuchte, sich nach konser-
vativerer Kleidung umzuschauen, wurde das Huhn unruhig. Hauptsächlich um das Huhn zu beruhigen, kaufte Humphrey schließlich
ein paar farbenfrohe Hemden und eine Sportjacke.

Am darauffolgenden Tag dachte Humphrey über diesen Traum
nach und begriff, was er bedeutete. Er stattete dem Laden in dem
Einkaufszentrum einen Besuch ab und kaufte einige Kleidungsstücke, die er sich früher nie hätte einfallen lassen.

„Sie sind nicht ganz so bunt, wie die Kleidung in meinem Traum",
erzählte er mir. „Aber sie sind völlig anders als alles, was ich bisher
gekauft habe. Und wissen Sie was? Wenn ich sie trage, komme ich
mir vor wie ein ganz anderer Mensch."

Auf schelmische Weise brachte das Huhn ein wenig mehr Aufregung und Freude in Humphreys bisher farbloses Leben.

Träume von kranken, toten oder misshandelten Tieren können
sehr beunruhigend sein, aber auch sie haben eine Botschaft für uns.
Ein älterer Freund träumte in der Woche vor seinem Tod jede Nacht
von einer toten Katze. Doch dies beunruhigte ihn nicht, sondern es
tröstete ihn, dass die Katze zwar tot war, ihr Bewusstsein jedoch
weiterlebte. Er verstand dies so, dass er zwar bald sterben, seine
Seele jedoch weiterleben würde.

Kranke oder misshandelte Tiere stehen für einen inneren Teil von
uns, der uns sagt, dass wir krank sind beziehungsweise missbraucht
oder misshandelt werden. Sobald wir erkennen, in welcher Lage
wir uns befinden, können wir etwas dagegen unternehmen.

Felicity wurde fast zwanzig Jahre lang von ihrem Mann körperlich und verbal misshandelt. Dies ging schon so lange so, dass
sie fast vergessen hatte, dass man auch anders leben könne. Eines
Nachts träumte sie, sie sei eine Bärin im Zoo. Ihr Wärter misshandelte und quälte sie ständig, sogar wenn sie krank war. Tag für Tag
wurde sie in ein sonniges Gehege gezwungen, damit die Menschen

sie anschauen konnten, obwohl sie sich eigentlich in den Schatten legen wollte, um zu genesen. Schließlich starb sie, und es dauerte mehrere Stunden, bis jemand es bemerkte.

Schweißgebadet wachte Felicity auf. Wenn sie so weitermachte wie bisher, dann wäre sie eines Tages tot, und es würde ewig dauern, bis es überhaupt jemandem auffiele. Felicity hatte viel zu viel Angst, als dass sie ihrem Mann etwas gesagt hätte, aber sie vertraute sich zwei Freundinnen an, und diese halfen ihr, zu Hause auszuziehen und anderswo neu anzufangen.

Jeder Mensch träumt, aber viele schenken ihren Träumen keinerlei Beachtung. Man sollte meinen, dass diese Menschen die besonderen Erkenntnisse verpassen, die Träume zu bieten haben. Doch eigenartigerweise ist dies nicht immer der Fall. Unsere Träume kommen aus unserem Unbewussten, und dieses funktioniert anders als unser bewusster Verstand. Wir können im Bewusstsein endlos über etwas nachdenken, aber früher oder später müssen wir schlafen. Im Schlaf kann unser Unbewusstes das Problem übernehmen und auf einer tieferen Ebene daran arbeiten. Häufig wird es dabei gelöst. Dies erklärt, warum wir morgens mit der Antwort auf eine Frage aufwachen können, die uns am Vortag noch ein völliges Rätsel war. Unsere Träume helfen uns also ständig, ob wir uns dessen bewusst sind oder nicht. Natürlich können wir noch weitaus größeren Nutzen daraus ziehen, wenn wir anfangen, auf unsere Träume zu achten.

Wissenschaftler an der Harvard Medical School haben herausgefunden, dass Schlafen und Träumen nach dem Lernen dem Gehirn hilft, neue Informationen zu verarbeiten. Professor Robert Stickgold, der Leiter der Studie, sagt: „Träume sind die Methode, mit der das Gehirn neue Informationen verarbeitet, integriert und wirklich versteht. Träume sind ein klares Anzeichen dafür, dass das schlafende Gehirn auf vielen Ebenen am Gedächtnis arbeitet."[5]

Wenn du wichtige neue Inhalte liest, lernst du sie schneller und kannst dich besser daran erinnern, wenn du danach ein Nickerchen machst. Die Forscher in Harvard stellten fest, dass Probanden, die diesem Rat gefolgt waren, bei der erlernten Aufgabe bis zu zehnmal besser abschnitten als andere, die nach der Lernphase nicht geschlafen hatten.

Ich habe ein Traum-Tagebuch neben meinem Bett liegen und schreibe meine Träume gleich nach dem Erwachen auf. Viele Jahre lang habe ich jeden Traum aufgeschrieben, an den ich mich erinnern konnte, aber heute schreibe ich nur die Träume auf, die mir wichtig erscheinen. Dazu gehören wiederkehrende Träume, Träume, in denen Familienangehörige vorkommen, und Träume, in denen Tiere auftreten, sowie Träume, die zunächst völlig bedeutungslos erscheinen. Der Traum von dem Sommerhäuschen fällt in die letzten beiden Kategorien.

Durch das Aufschreiben meiner Träume habe ich nach und nach eine wertvolle Dokumentation dessen aufgebaut, was in meinem Unbewussten gerade vor sich geht. Häufig schlage ich nach und erkenne dann, wie Träume mir geholfen und mich in verschiedenen Bereichen meines Lebens geführt haben. Manchmal werden Träume, die zunächst keinerlei Sinn ergaben, vollkommen klar, wenn ich sie Wochen oder Monate später noch einmal lese. Ein Traum-Tagebuch zu führen, hat sich für mich als äußerst hilfreich erwiesen, und alle, die ich kenne und die sich dies ebenfalls zur Gewohnheit gemacht haben, empfinden ähnlich.

Wenn du ein Traum-Tagebuch führen willst, dann achte darauf, dass du alles genau so aufschreibst, wie du es erinnerst. Wenn du zensierst, was du aufschreibst, geht dessen Wert verloren. Alle Menschen haben gelegentlich Träume, über die andere lieber nichts erfahren sollten. Jeder hat gelegentlich sexuelle, gewaltsame oder groteske Träume. Nur weil wir von seltsamen Dingen träumen, heißt dies nicht, dass wir im Wachzustand je auch nur daran denken würden, so zu handeln. Schreibe deine Träume genauso in dein Tagebuch wie du sie erinnerst, und bewahre es notfalls so auf, dass niemand anderer es lesen kann.

Auf unsere Träume zu achten und sie aufzuschreiben, gibt uns die wertvolle Chance, die Wünsche, Bedürfnisse, Vorschläge und Vorhersagen unseres Unbewussten kennenzulernen. Dadurch können wir besser verstehen, was uns antreibt, und uns eher als vollständige, vielseitige Menschen wahrnehmen. Sobald wir uns selber kennen und verstehen, können wir unser Leben in jede beliebige Richtung lenken.

Da jeder jede Nacht träumt, betrachten die meisten Menschen Träume als etwas Selbstverständliches und schenken ihnen kaum Beachtung. Daher verwundert es nicht, dass die meisten Menschen ihre Träume nach dem Erwachen schnell vergessen. Zum Glück ist es nicht schwer, sich besser an seine Träume zu erinnern.

Wenn du zu Bett gehst, sage dir, dass du deine Träume erinnern willst. Schon allein dies wird dir helfen, viel mehr zu erinnern. Wenn du aufwachst, halte die Augen noch ein paar Minuten geschlossen und denke an Traumfragmente, die dir in den Sinn kommen. Während du daran denkst, tauchen weitere Details aus der Erinnerung auf. Es kann sein, dass dir dies unter der Woche schwer fällt, insbesondere wenn du mit dem Weckerklingeln aus dem Bett springst. Falls dem so ist, reserviere einen Tag am Wochenende dafür. Die Wahrscheinlichkeit, dass du einen Traum erinnerst, wird größer, wenn du von selbst aufwachst. Dies liegt daran, dass man normalerweise kurz nach einer REM-Phase aufwacht, wenn diese nahe an der üblichen Aufstehzeit liegt. In diesem Fall wirst du dich wahrscheinlich an den Traum erinnern.

Sobald du dich stärker für deine Träume interessierst, wird dir auch die Symbolik darin bewusster werden. Die Zeit, in der du über deine Träume nachdenkst, lohnt sich immer. Sie hilft dir, mehr Klarheit über dich selbst zu gewinnen und zu verstehen, warum du auf eine bestimmte Art und Weise handelst. Die Beschäftigung mit deinen Träumen kann äußerst nützlich sein, um deine Beweggründe und Gefühle besser zu begreifen.

Ein weiterer guter Grund für ein Traum-Tagebuch ist, dass du dadurch die Genauigkeit deiner prophetischen Träume überprüfen kannst. Alle Menschen träumen von Ereignissen, die erst noch eintreten müssen, und es kann hilfreich sein, wenn man entdeckt, wie häufig solche Träume sind. Bis zu zehn Prozent deiner Träume beziehen sich auf künftige Ereignisse. Untersuchungen im Traumlabor des Maimonides Medical Center in New York City haben jedoch gezeigt, dass man die Anzahl seiner präkognitiven Träume steigern kann, wenn man sich vor dem Einschlafen sagt, dass man in dieser Nacht von der Zukunft träumen wird. Malcolm Bessent, einer der Probanden bei diesen Experimenten, wurde gebeten, von etwas zu träumen, was am nächsten Tag geschehen würde. Dies gelang ihm in vierzehn von sechzehn Nächten.[6]

Leider müssen die meisten Menschen, die damit experimentieren, feststellen, dass sie von belastenden künftigen Ereignissen träumen. Dies liegt wahrscheinlich daran, dass traurige oder tragische Ereignisse emotional stärker aufgeladen sind als andere Träume. Wenn du willst, kannst du deine Träume steuern und die unangenehmen eliminieren. Sage dir vor dem Einschlafen, dass du heute Nacht angenehme präkognitive Träume haben und dich am Morgen daran erinnern wirst.

Bleibe dann beim Aufwachen noch ein paar Minuten ruhig liegen und denke über deinen Traum nach, bevor du aufstehst. Die meisten Menschen erinnern die letzten paar Sekunden ihres Traums.

Sporne deinen Geist sanft dazu an, immer weiter in den Traum vorzudringen, bis dir alles wieder zu Bewusstsein kommt.

Im nächsten Kapitel werden wir uns ausführlicher damit befassen, wie man seine Träume erinnert.

**Kapitel Zwei**

● ● ● ● ● ● ● ● ● ● ● ● ● ● ● ● ● ● ● ● ● ●

# Wie man Träume erinnert

Wir haben es alle schon einmal erlebt, dass wir uns beim Aufwachen gut an einen Traum erinnern, nur um festzustellen, dass er ein paar Minuten später vollkommen aus dem Gedächtnis verschwunden ist. Seit Jahrtausenden entwickeln die Menschen verschiedene Methoden, in der Hoffnung, ihre Träume damit festhalten und erinnern zu können.

Die alten Griechen wandten in ihren Traumtempeln besondere Techniken zur Förderung der Erinnerung an. Dazu gehörten der Verzicht auf Bohnengerichte und Abstinenz beim Sex. Außerdem unterzogen sich die Träumer einer rituellen Waschung, bevor sie sich auf Tierhäuten zum Schlaf betteten. Der berühmteste Traumtempel war der Asklepios-Tempel in Epidauros. Asklepios war der griechische Gott der Medizin, und wenn er des Nachts den Tempel besuchte, wurde jeder, der dort schlief, geheilt.

Wenn du einen Wecker verwendest, wirst du dich kaum an deine Träume erinnern. Dies liegt daran, dass der Wecker dich mit einem Ruck aufweckt und alle Träume, die dir vielleicht noch im Gedächtnis sind, augenblicklich daraus verschwinden. Die beste Zeit für die Traumerinnerung ist daher oft das Wochenende, wenn die meisten Menschen von selbst und ohne Wecker aufwachen. Bleibe nach dem ersten Aufwachen noch ein Weilchen ruhig liegen, bewege dich nicht und probiere vorsichtig, ob du deine Träume erinnerst. Kämpfe nicht darum und strenge dich nicht an, deine Träume zu erinnern. Denn in diesem Fall ist geradezu garantiert, dass dir überhaupt nichts mehr einfällt. Bleibe einfach ein paar Minuten lang ruhig und bequem liegen und warte ab, was dir ins Bewusstsein steigt.

Wenn du anfängst, auf deine Träume zu achten, wirst du bald feststellen, dass du dich immer öfter daran erinnern kannst. Dennoch wirst du immer wieder einmal enttäuscht sein, weil du aufwachst und genau weißt, dass du einen Traum hattest, dieser sich aber bereits verflüchtigt hat.

Auf den folgenden Seiten findest du einige Methoden, die andere als hilfreich empfinden. Doch egal, welche Methode sich für dich als die nützlichste erweist, du musst deinen Traum immer so schnell wie möglich aufschreiben, weil du ihn sonst im Laufe des Tages vergisst.

Ich habe ein Traum-Tagebuch neben meinem Bett liegen. So kann ich meine Träume gleich beim Erwachen aufschreiben. Wenn ich mitten in der Nacht mit der Erinnerung an einen Traum aufwache, kann ich schnell ein paar Notizen machen, um mich am Morgen wieder daran zu erinnern. Manche sprechen ihre Träume lieber auf Band oder ein anderes Gerät. Ein Freund von mir besitzt einen Kugelschreiber mit eingebautem Diktiergerät. Damit hält er alle guten Ideen fest, die ihm im Laufe des Tages kommen, und abends legt er ihn neben sein Bett, um seine Träume aufzusprechen.

## Meditation

Meditation ist eine hilfreiche Methode zur Entspannung von Körper und Geist durch die Konzentration auf einen Gegenstand oder
Gedanken. Vor dem Schlafengehen zu meditieren, verhilft zu einem erholsamen Schlaf und angenehmen Träumen. Die meisten
Menschen meditieren im Sitzen, aber auch im Liegen, Stehen oder
sogar Gehen ist Meditation möglich. Vielleicht meditierst du vor
dem Einschlafen auch gerne in einem warmen Bad. Du kannst aber
auch sanfte, entspannende Musik hören, bevor du dich schlafen
legst. Ich selber meditiere lieber *vorher*, weil ich im Allgemeinen
mitten in der Meditation einschlafe, wenn ich dabei im Bett liege.
Dies ist nicht unbedingt schlecht, aber es ist mir lieber, wenn ich
die Meditation vor dem Einschlafen beenden kann.

Eine einfache Meditationsmethode ist folgende: Sitze auf einem
bequemen Stuhl, schließe die Augen und atme ein paar Mal langsam und tief durch – halte dabei vor jedem Ausatmen die Luft einige Sekunden lang an. Achte darauf, den Atem im Bauch zu halten.
Lasse zu, dass sich beim Ausatmen alle Muskeln deines Körpers
entspannen. Sobald du dich völlig entspannt fühlst, konzentriere
dich auf deinen Atem. Beim Einatmen kannst du innerlich „ein"
sagen, bei Ausatmen „aus". Tue dies, solange du möchtest. Wenn
du bereit bist, die Meditation zu beenden, sage dir drei Mal, dass du
dich an deine Träume erinnern wirst.

Gehe nach der Meditation so bald wie möglich ins Bett. Wenn du
möchtest, kannst du die Meditation im Bett wiederholen und sie als
Einschlafhilfe benutzen.

**Baderitual**

Dieses Ritual kannst du jederzeit durchführen, am besten soll es jedoch bei zunehmendem Mond wirken. Gib ein paar Löffel Salz oder Badesalz ins angenehm warme Badewasser und entspanne dich darin, solange du möchtest. Sage dir in der Badewanne mehrmals, dass du träumen und dich am Morgen an mindestens einen Traum erinnern wirst.

Wenn du aus dem Bad steigst, trockne dich mit einem hochwertigen sauberen Badetuch ab. Achte darauf, dass dein Schlafzimmer angenehm temperiert ist. Wenn du möchtest, kannst du Kerzen anzünden, Räucherstäbchen abbrennen oder ein beruhigendes Aromatherapie-Öl verdunsten, um eine angenehme Atmosphäre zu schaffen. Denke daran, alle Flammen sorgfältig auszulöschen, bevor du ins Bett gehst.

Kuschele dich in deine Decke, sage dir noch einmal, dass du deine Träume erinnern wirst, und lasse zu, dass du sanft in den Schlaf gleitest.

**Positive Erwartung**

Sage dir vor dem Einschlafen, dass du am Morgen mit der klaren Erinnerung an mindestens einen deiner Träume aufwachen wirst. Vielleicht musst du diesen Satz mehrfach wiederholen, bevor du einschlafen kannst.

## Veränderte Gewohnheit

Bei dieser Methode veränderst du deine Schlafposition, so dass du mit dem Kopf am Fußende deines Bettes liegst. Dies bringt dich so durcheinander, dass Träume begünstigt werden, und die Überraschung beim Aufwachen wird dir hoffentlich helfen, deine Träume zu erinnern.

Ein Bekannter ging noch einen Schritt weiter. In seinem Haus gab es vier Schlafzimmer, und er schlief jede Nacht in einem anderen Raum. Er war überzeugt, dass er sich dadurch besser an seine Träume erinnern konnte.

## Edgar Cayces Methode

Der Amerikaner Edgar Cayce (1877-1945) war Medium und Heiler und glaubte, der Körper spiele bei der Erinnerung an Träume ebenfalls eine Rolle. Daher sei es wichtig, dass man sich beim Aufwachen nicht bewege und so lange in derselben Position verharre, bis ein Traum vollständig erinnert sei. Edgar Cayces Auffassung nach sind die meisten Träume unwichtig, daher macht es nichts, wenn man sie nicht aufschreibt. Er glaubte allerdings auch, dass wichtige Träume sich in unterschiedlicher Form wiederholen, bis es dem Träumer schließlich gelingt, sie zu erinnern.

## Affirmationen

Affirmationen sind kurze Wendungen oder Sätze, die dem Bewusstsein absichtlich eingegeben werden. Die wohl berühmteste

Affirmation stammt von dem französischen Psychologen und Pharmazeuten Emile Coué (1857-1926): „Es geht mir von Tag zu Tag in jeder Hinsicht immer besser und besser." Affirmationen werden immer im Präsens gesprochen, so als sei das Gewünschte bereits eingetreten. Daher würde also ein Kranker nicht sagen: „Es wird mir besser gehen." Wesentlich wirkungsvoller ist es, wenn man stattdessen etwas sagt wie: „Ich bin fit und es geht mir gut." Oder: „Ich erfreue mich guter Gesundheit." Eine Affirmation zur Förderung der Traumerinnerung sollte man sich tagsüber mehrmals vorsprechen. Du könntest zum Beispiel formulieren: „Beim Aufwachen erinnere ich mich immer an meine Träume."

## Traum-Tagebuch

Wenn du dir ein Traum-Tagebuch und einen Stift auf den Nachttisch legst, sagst du dir unbewusst, dass es dir ernst ist mit der Erinnerung an deine Träume. Falls du möchtest, kannst du noch einen Schritt weitergehen und alle Ablenkungen, wie etwa einen Fernseher, aus dem Schlafzimmer verbannen sowie alles, was deiner Meinung nach die Traumerinnerung fördert, hineinstellen. Manche Menschen finden, dass ihnen ein Traumfänger über dem Bett hilft, ihre Träume zu erinnern. Andere legen einen Edelstein neben das Bett oder unter das Kopfkissen.

Der größte Vorteil eines Traum-Tagebuchs besteht darin, dass du nach und nach eine ganze Sammlung von Träumen anlegst, die sonst verloren wären. Manche schreiben jede Nacht etwas in ihr Traum-Tagebuch, meist schreibt man aber nur ein oder zweimal pro Woche etwas hinein. Wenn du jeden Monat oder alle zwei Monate in deinem Traum-Tagebuch liest, kannst du wiederkehrende Themen und deine emotionalen Reaktionen auf verschiedene Situationen erkennen.

Vielleicht entdeckst du, dass in deinen Träumen regelmäßig ein bestimmtes Tier auftaucht. Eine Freundin stellte fest, dass sie oft von einem Goldfisch träumte, der in einem kleinen Glas seine Runden drehte. Als sie darüber nachdachte, wurde ihr klar, dass er die emotionalen Begrenzungen in ihrem Leben symbolisierte.

## Wenn du deine Träume nicht erinnerst

Aller Wahrscheinlichkeit nach hast du im Laufe deines Lebens über hundertfünfzigtausend Träume. Die meisten sind unwichtig, und es macht nichts, wenn du sie nicht erinnerst. Wenn du also morgens ohne jegliche Erinnerung an einen Traum aufwachst, brauchst du dir keine Sorgen zu machen, denn offensichtlich war kein besonders denkwürdiger dabei.

Am ehesten erinnert man folgende Träume:
1. Träume mit starken Emotionen und Gefühlen.
2. Wiederkehrende Träume.
3. Seltsame und unheimliche Träume.
4. Übergangsträume: Sie treten auf, wenn du vor einer wichtigen Veränderung in deinem Leben stehst oder bereits mittendrin steckst.

## Deine Träume deuten

Manchmal erklärt sich die Bedeutung eines Tieres in deinem Traum von selbst. Andere Male aber spielt ein Tier in einem Traum eine Rolle – vielleicht sogar eine wichtige –, und du hast keine Ahnung, warum das so ist.

Tiere treten im Traum fast immer als Führer, Helfer und Ratgeber auf. Sie möchten, dass du in dieser Inkarnation Fortschritte machst und dich weiterentwickelst. Wenn du nicht sicher bist, was dir der Traum sagen will, kannst du dir zur Klärung verschiedene Fragen stellen. Du kannst fragen:

> War das Tier hilfreich, unterstützend und lebensbejahend?
> War das Tier Furcht einflößend?
> Hat es mich verfolgt?
> Was sind meiner Meinung nach die wichtigsten Stärken des Tieres?
> War das Tier wild oder zahm?
> Was hat das Tier getan?

Auch nach deiner eigenen Rolle im Traum solltest du fragen. Etwa so:

> War ich alleine, zusammen mit einem Freund/einer Freundin oder vielleicht in einer größeren Gruppe?
> War ich glücklich oder traurig? Kam ich mir verloren vor? Habe ich etwas oder jemanden gesucht?
> Habe ich in dem Traum eine aktive Rolle gespielt oder war ich bloß Beobachter?
> War ich das Tier?
> Welches Geschlecht hatte ich im Traum?
> War ich Kind, alt oder irgendetwas dazwischen?
> Welche anderen Menschen kamen darin vor?
> Wo spielte sich der Traum ab?

Erlebe den Traum vor deinem inneren Auge so vollständig wie nur irgend möglich noch einmal nach und schreibe dann die Erinnerungen schnellstmöglich auf, bevor sie verblassen.

Sobald du den Traum festgehalten hast, kannst du ihn deuten. Dazu gibt es mehrere Möglichkeiten:

1.  Wenn du ein logischer Mensch bist, dann analysierst du den Traum wahrscheinlich mit deinem Verstand.
2.  Nutze deine Intuition. Schließlich kam der Traum aus deinem Unbewussten, und wenn du dir deine Ahnungen und Gefühle zunutze machst, kannst du wertvolle Erkenntnisse gewinnen.
3.  Sprich mit anderen über deinen Traum und schaue, welche Ideen und Vorschläge sie haben.
4.  Schreibe alles auf, was dir in den Sinn kommt. Manchmal kommen einem Gedanken und Erkenntnisse, während man den Traum aufschreibt. Du wirst deinen Traum nicht immer gleich analysieren können, besonders dann nicht, wenn er zu einer Traumserie gehört, die noch nicht abgeschlossen ist. Manchmal erschließt sich die Bedeutung eines Traumes erst Wochen oder Monate später.

An dieser Stelle lassen sich manche Menschen verwirren, weil sie nicht sicher sind, ob die Bedeutung, die sie ihrem Traum zugewiesen haben, überhaupt die richtige ist. Zum Glück gibt es gleich mehrere Anhaltspunkte, anhand derer man dies überprüfen kann:

1.  Es stellt sich ein Gefühl der Erleichterung ein. Dies zeigt, dass die Deutung richtig ist.
2.  Es tritt eine körperliche Reaktion auf. Dein Körper lügt nie. Wenn du eine körperliche Empfindung verspürst, etwa wenn dein Herz schneller schlägt oder dir sogar die Tränen kommen, dann ist dies ein Anzeichen dafür, dass deine Deutung richtig ist.

3. Du verspürst Gewissheit. Dies ist eine intellektuelle Wahr-
   nehmung, dass die Deutung richtig ist.
4. Dein intuitives Gespür bestätigt dich. Dies ist die Empfindung, dass die Deutung richtig ist.

Es ist unmöglich, alle Träume zu erinnern. Erinnere so viele
Träume, wie du nur kannst, und schreibe sie auf, aber mache dir
wegen der flüchtigen, die dir nicht wieder einfallen, keine Gedanken. Wenn sie wirklich wichtig sind, wirst du sie so lange immer
wieder träumen, bis du dich daran erinnern kannst.

**Kapitel Drei**

• • • • • • • • • • • • • • • • • • • •

# Tiersymbolik

Die meisten Kulturen enthalten Elemente einer Tiersymbolik, doch keine geht so weit wie die chinesische mit ihrer enormen Bandbreite unterschiedlichster Tiersymbole. Einige dieser Symbole sind extrem alt und reichen bis in die chinesische Vorgeschichte zurück. Die große Vielfalt der Tiere verwundert nicht, da „es in der gesamten Natur, der organischen wie der anorganischen, praktisch nichts, gibt, kein Artefakt, das der asiatische Künstler nicht als mit symbolischer Bedeutung aufgeladen erkennt".[1] Deshalb verwendeten die Taoisten oft Tiergeschichten, um ihre Weisheit zu lehren.

Symbole sind eine Art Kurzschrift, in der etwa der flüchtige Anblick eines Schmetterlings eine Fülle an Informationen bereithalten kann. Manchmal wurde die Bedeutung absichtlich verborgen, häufiger aber ging sie mit der Zeit verloren. Carl Gustav Jung definierte treffend: „Ein Wort oder ein Bild ist symbolisch, wenn es mehr enthält, als man auf den ersten Blick erkennen kann."[2]

Das Wort *Symbol* bezeichnet etwas, das als Statthalter für etwas anderes eingesetzt wird. So betrachten etwa die meisten Menschen eine Taube als Symbol für Frieden und Sanftmut. Ähnlich gilt ein Löwe als Symbol des Mutes. Das Wort *Symbol* stammt vom Griechischen *symballein*, was „zusammentragen" bedeutet. Symbole lösen häufig eine Assoziationskette aus, die bis in die Antike zurückreicht, was wiederum zeigt, welch bedeutende Rolle Symbole in der Entwicklung der Menschheit gespielt haben. In einer rätselhaften und oft Furcht erregenden Welt sollte mit den wichtigsten Symbolen stets Harmonie und Sinn erzeugt werden.

Wie kaum anders zu erwarten, wurden bekannte Objekte – etwa Tiere, Pflanzen und Steine – zu Symbolen. Die alten Chinesen beobachteten, dass Fische sich stromaufwärts den Weg zu ihren Laichgründen erkämpften und dabei oft hohe Wasserfälle hinaufsprangen. Deshalb ist wenig verwunderlich, dass Fische zum Symbol für den Aufstieg wurden. Wo die Menschen auch hinschauten, fanden sich ähnliche Beispiele.

## Chinesische Tiere

Die bekanntesten Beispiele chinesischer Tiersymbolik sind die zwölf Zeichen des chinesischen Tierkreises. Allerdings gibt es eine verwirrende Ansammlung weiterer Tiere, die in Geschichten und bei Festen eine Rolle spielen und deren Abbildungen sich fast überall finden, sogar auf Kleidung.

Tiermotive finden sich auf antiken Bronzen, die bis in die Xia-Dynastie (ca. 2100-1600 v.u.Z.) zurückreichen. Im *Tsao Chuan* (ca. 606 v.u.Z.) ist festgehalten, was ein Gesandter König Chuang antwortete, als dieser nach den Tierdarstellungen auf einigen Ritualgefäßen fragte. Unter anderem bemerkte er, anhand der auf den Gefäßen dargestellten Tiere sollten die Menschen zwischen guten und bösen Tiergeistern unterscheiden können.[3]

Dieser spirituelle Aspekt war wichtig, und da die Tierzeichnungen magische Bedeutung hatten, galten sie als Boten aus der Geisterwelt.[4]

Die Chinesen haben bezaubernde Geschichten, die praktisch für
alles eine Erklärung bieten. Auch der Ursprung der zwölf Tierkreiszeichen bildet da keine Ausnahme. Der Legende nach war der Jadekaiser der Herrscher des Himmels, und ihm oblag die Entscheidung, welche Tiere darin aufgenommen werden sollten.

Der Jadekaiser hatte die Erde noch nie besucht und war neugierig, welche Tiere dort wohl lebten. Er bat seinen Chefsekretär, die
Tiere zusammenzutreiben und vor ihn zu bringen. Sein Chefsekretär erklärte, es gäbe viele tausend verschiedene Tiere, und es würde
Monate dauern, sie alle zu versammeln. Der Jadekaiser dachte darüber nach und bat dann seinen Sekretär, ihm die zwölf interessan-
testen Tiere zu bringen.

Der Sekretär begab sich zur Erde und überlegte, was zu tun sei.
Er lud die Ratte für sechs Uhr am nächsten Morgen zu einem Treffen ein, bei dem sie vor den Kaiser treten sollte. Außerdem bat er
die Ratte, auch ihre Freundin, die Katze, mitzubringen. Eine Einladung erhielten darüber hinaus der Hund, der Drache, das Pferd, der
Affe, der Ochse (oft auch als „Büffel" bezeichnet), der Hase, das
Schaf, der Hahn, die Schlange und der Tiger.

Die Katze war hocherfreut, eine Einladung vor den Kaiser zu
erhalten, und bat die Ratte, sie am Morgen zu wecken, weil sie oft
verschlief. Die Ratte war einverstanden. In jener Nacht besah die
Ratte sich die schlafende Katze. Ihr gefiel, wie anmutig und elegant
die Katze wirkte, und sie machte sich Sorgen, sie selbst könnte im
Vergleich dazu schlecht aussehen. Daher weckte sie die Katze am
nächsten Morgen nicht und rannte alleine zu der Versammlung. Als
die Ratte ankam, waren alle anderen Tiere bereits da, mit Ausnahme der immer noch fest schlafenden Katze.

Um sechs Uhr trat der Kaiser heraus und inspizierte die Tiere.
Ihm gefiel, was er sah, doch er bemerkte, dass nur elf Tiere an-
wesend waren. Sein Sekretär war gleichermaßen beunruhigt und

befahl einem Diener, zur Erde hinabzusteigen und das erste Tier mitzubringen, das er sah.

Der Diener fand sich mitten auf dem Land wieder. Da kam ein Bauer auf ihn zu, der sein Schwein zum Markt führte. Rasch erklärte er seine Notlage, und der Bauer überließ ihm das Schwein, damit er es in den Himmel bringen konnte.

Unterdessen kamen der Ratte Bedenken, sie könne übersehen werden. Da sprang sie auf den Rücken des Ochsen und fing an, auf einer kleinen Flöte zu spielen. Der Kaiser war ganz hingerissen von der Ratte und gab ihr den ersten Platz, vor allen anderen Tieren. Als zweiter kam der Ochse, weil er so gütig gewesen war und der Ratte erlaubt hatte, auf seinen Rücken zu springen. Dritter wurde der Tiger, weil er stark war und gut aussah. Auf ihn folgte der Hase wegen seines schönen Fells. Der Drache war der Nächste, weil er wie eine riesige Schlange mit Beinen aussah. Auf ihn folgte die Schlange wegen ihres welligen Körpers. Nach ihr kam das Pferd wegen seiner Haltung und Eleganz und das Schaf, weil das männliche Tier trompetenförmige Hörner hatte. Der Affe war verspielt und wendig, deshalb wurde er Neunter und der fein gefiederte Hahn Zehnter. An elfter Stelle kam der Hund, weil er treu und beschützend war, und ganz am Ende, an zwölfter Stelle, folgte das Schwein.

Kaum waren die Tiere in dieser Reihenfolge angeordnet, traf die Katze ein. Inständig bat sie den Kaiser, noch berücksichtig zu werden, doch es war zu spät – alle Plätze waren vergeben. Die Katze sah, dass die Ratte an erster Stelle stand, und jagte sie. Seit jenem Tag sind Katzen und Ratten Erzfeinde.

Die chinesische Astrologie beinhaltet außer den zwölf Tierkreiszeichen noch viele weitere Tiere. In ihrem Drei-Leben-System gibt es weitere zwölf Tiere, die alle hoch symbolisch sind. Diese Tiere sind ungewöhnlich, weil sie zwar regelmäßig in der chinesischen

Kunst und Literatur anzutreffen sind, jedoch – mit Ausnahme der Schwalbe und des Fasans – in der chinesischen Astrologie sonst nirgendwo auftauchen. Die Tiere im Drei-Leben-System sind der Phönix, der Löwe, der goldene Fasan, die Mandarinente, die Schwalbe, der Reiher, der Hirsch, der Pfau, die Taube, der Sperling, der Adler und der weiße Kranich.

Außerdem gibt es die Tiere der achtundzwanzig Sternbilder. Diese sind das Krokodil, der Himmelsdrache, der Dachs, der Hase, der Fuchs, der Tiger, der Leopard, das Einhorn, der Büffel, die Fledermaus, die Ratte, die Schwalbe, das Schwein, das Stachelschwein, der Wolf, der Hund, der Fasan, der Hahn, die Krähe, der Affe, der Gibbon, der Tapir, die Ziege, der Bock, das Pferd, der Hirsch, die Schlange und der Regenwurm.

Darüber hinaus gibt es vier Wappentiere: Schlange, Tiger, Phönix und Drache. Die Schlange wird häufig durch die Schildkröte und der Tiger durch den Bär ersetzt.

Allein bei der einfachsten Form der chinesischen Astrologie haben wir es bereits mit über fünfzig verschiedenen Tieren zu tun, die alle eine symbolische Bedeutung tragen.

### Tiersymbolik im Westen

Auch die westliche Astrologie bedient sich einiger Symboltiere: Widder, Stier, Krebs, Löwe, Skorpion, Steinbock und die beiden in entgegengesetzter Richtung schwimmenden Fische. Diese Tiere gehen auf die babylonische Zeit zurück.

Auch die Mythologie steckt voller Bezüge zu Tieren. In der griechischen Mythologie konnte Zeus die Gestalt eines Schwans und sogar eines Stiers annehmen, wenn er sich einer jungen Frau näherte, die er begehrte. In der germanischen Mythologie hatte die

Göttin Freia eine heilige Katze. Wotan hatte seinen heiligen Bär, sein Pferd und seine Raben.

Auch in der Bibel treten Symboltiere auf. So lesen wir in der Offenbarung des Johannes (Offenbarung 4, 6-8):

Und vor dem Thron war es wie ein gläsernes Meer, gleich dem Kristall, und in der Mitte am Thron und um den Thron vier himmlische Gestalten, voller Augen vorn und hinten. Und die erste Gestalt war gleich einem Löwen, und die zweite Gestalt war gleich einem Stier, und die dritte Gestalt hatte ein Antlitz wie ein Mensch, und die vierte Gestalt war gleich einem fliegenden Adler. Und eine jede der vier Gestalten hatte sechs Flügel, und sie waren außen und innen voller Augen, und sie hatten keine Ruhe Tag und Nacht und sprachen: Heilig, heilig, heilig ist Gott der Herr, der Allmächtige, der da war und der da ist und der da kommt.

Bei diesen vier biblischen Tieren lässt sich ein direkter Bezug zu den vier Wappentieren herstellen, denen wir bereits begegnet sind: Schlange, Tiger, Phönix und Drache.[5] Diese Tiere symbolisieren die Vier Himmelskönige. Taoisten glauben, dass diese die vier Himmelssphären lenken.

Auch die christliche Überlieferung verwendet Tiere als Symbole für Menschen. In vielen alten Kirchen findet man Darstellungen von Adlern, Löwen und Stieren. Der Löwe symbolisiert Markus, der Stier Lukas und der Adler Johannes. (Matthäus wird als Engel oder Mensch portraitiert.) Christus wird natürlich üblicherweise durch das Lamm Gottes symbolisiert. Christus-Symbole sind allerdings auch Fisch, Löwe, Pelikan, Einhorn und eine Schlange am Kreuz.[6] In der christlichen Kunst wird der Heilige Geist häufig als Taube dargestellt. Drache, Schlange und Schwein symbolisieren den Satan.

Viele christliche Heilige werden durch Tiere versinnbildlicht:

| Adler | Augustinus, Gregor der Große, der Evangelist Johannes |
|---|---|
| Bär | Columba |
| Delphin | Adrian |
| Esel | Antonius von Padua |
| Falke oder Habicht | Bavo, Eduard |
| Fisch | Andreas, Raphael, Simon |
| Frosch | Huvas |
| Gans | Martin |
| Hahn | Petrus |
| Hase | Albert von Siena |
| Henne | Pharaildis |
| Hirschkuh | Ägidius |
| Hund | Benignus, Bernhard |
| Kalb | Walstan |
| Kamel | Aphrodisius |
| Krähe | Vinzenz |
| Krokodil | Helenus |
| Kuh | Berlinda |
| Leopard | Marciana |
| Löwe | Adrian, Ignatius, Hieronymus, Markus |
| Ochse | Blandina, Lukas |
| Pferd | Barochas, Irene, Severus von Avranches |
| Rabe | Benedikt |

| Ratte/ Maus | Gertrud von Nivelles |
|---|---|
| Schlange | Cäcilia, die Jungfrau Maria, Patrick |
| Schwan | Cuthbert, Kentigern |
| Schwein | Antonius „der Große" von Ägypten |
| Sperling | Dominikus |
| Stier | Adolf |
| Taube | Ambrosius, Basilius, Katharina von Siena |
| Wild- schwein | Emilion |
| Wolf | Blasius |

Nach griechischer und römischer Überlieferung waren bestimmten Gottheiten verschiedene Tiere heilig:

| Asklepios | Schlange |
|---|---|
| Apollon | Wolf, Greif, Krähe |
| Bacchus | Drache und Panther |
| Diana | Hirsch |
| Herkules | Reh |
| Isis | Kalb |
| Juno | Pfau und Lamm |
| Jupiter | Adler |
| Mars | Pferd und Geier |
| Merkur | Hahn |
| Minerva | Eule |
| Neptun | Stier |
| Venus | Taube, Sperling und Schwan |
| Vulkan | Löwe |

Nach ägyptischer Überlieferung werden drei Söhne von Horus als Tiere dargestellt.

In Afrika, Frankreich, Skandinavien und Spanien malten Urmenschen Tierbilder auf Höhlenwände. Einige wurden für Analogiezauber verwendet; in manchen Höhlen wurden die Tiere bewusst so dargestellt, dass sie eine symbolische Schlachtung zeigen. Andere wurden kopulierend gezeichnet, was deutlich macht, dass diese Bilder bei Fruchtbarkeitszaubern Verwendung fanden.

## Die schamanische Tradition

In der schamanischen Tradition gelten Tiergeister seit Jahrtausenden als Lehrer und Führer. Diese Tradition ist auf der ganzen Welt vertreten. In Sibirien hatten Bärengeister höchste Bedeutung. Wölfe spielen in der schamanischen Tradition Nordamerikas eine wichtige Rolle. In Südamerika gilt dies für den Jaguar, in Australien für die Eidechse und in Großbritannien für den Hasen. Diese und andere Geisttiere erzählen uns von ihrem Wissen und ihren Erkenntnissen und lassen uns das Leben aus einer anderen Perspektive sehen. Ob wir es merken oder nicht, Tiergeister helfen uns andauernd. In manchen Teilen der Welt glaubt man sogar, dass man stirbt, wenn man den Kontakt zu seinen Tiergeistern verliert.

Die australischen Aborigines werden in eine Totem-Identität hineingeboren. Normalerweise ist es ein Tier oder eine Pflanze, das Totem kann aber auch anderer Natur sein, etwa der Wind oder das Wasser. Somit gehört jeder zu einer Gruppe von Menschen, die alle dasselbe Totem haben. Dies sorgt unter anderem für Stabilität und Harmonie innerhalb des Stammes. Ehen innerhalb der Gruppen sind nicht gestattet, womit dafür gesorgt ist, dass nicht zwei Menschen mit demselben Totem einander heiraten können. (Dies ist auch bei vielen Stämmen der nordamerikanischen Ureinwohner so.) Damit wird Inzucht verhindert und außerdem sichergestellt, dass kein Totem wichtiger wird als ein anderes.

Das Fleisch seines Totemtieres isst man nicht. Für jemanden, der zum Beispiel den Emu zum Totem hat, ist die Vorstellung, Emu zu essen, beinahe so, als äße er sich selbst. Die Beziehung zwischen einem Menschen und seinem Totem eröffnet den Zugang zur unbegrenzten Weisheit der Erde, währt ein Leben lang und ist lebensbejahend. Sie verleiht dem Menschen spirituelle Identität und legt ihm die Verantwortung auf, jeden Aspekt seines Totems zu akzeptieren und zu übernehmen.

In der Überlieferung der amerikanischen Ureinwohner ist die Natur voller spiritueller Bedeutung. Tiere wie Adler, Falke, Eule, Otter, Reh und Büffel haben bei den verschiedenen Stämmen unterschiedliche Bedeutung, doch die zugrunde liegende spirituelle Verbindung ist stets gegenwärtig. Sie gelten sowohl als geistige wie auch als körperliche Wesen. Die gesamte Natur gilt als der Rahmen, in dem Geisterwelt und Menschenwelt einander begegnen.

Die Kosmologie der amerikanischen Ureinwohner besteht aus drei Welten: Der materiellen Welt, der feinstofflichen oder Seelenwelt und der geistigen Welt. Wir Menschen leben – in Verbindung mit der gesamten übrigen Tierwelt – in allen drei Welten zugleich. Wenn wir also einen Adler im Flug beobachten, dann schätzen wir nicht nur seinen physischen Körper, sondern auch seine Seele, die ihm Leben verleiht, und seine Verbindung zum Ewigen. Außerdem sehen wir ihn als Archetyp eines starken, mächtigen, anmutigen Vogels, der majestätisch seine Kreise zieht. Kein Wunder, das er er als sehr mächtiges Totemtier gilt.

## Tiergeister

Tiergeister kann man ganz unterschiedlich betrachten. Wie die Aborigines mit ihrer Traumzeit kann man zu dem Schluss kommen,
dass sie reale Geistwesen und dazu da sind, einem immer dann zu
helfen, wenn es nötig ist. Man kann sie aber auch als vom eigenen
Unbewussten erschaffene Tier-Archetypen verstehen. Doch wie
man diese Tiergeister auch sieht, man kann ihnen so nahe kommen,
dass man sie schließlich spüren, berühren und riechen kann. Vielleicht erlangt man sogar die Fähigkeit, vorübergehend zu dem Tier
zu werden. Dies nennt man Gestaltwandel. Sobald du Geisttiere in
deinem Leben zugelassen hast, kannst du ihre Tierweisheit nutzen,
die sich dir in deinen Träumen zeigen wird.

Dein Geisttier brauchst du nicht zu suchen. Es findet dich. Wahrscheinlich hast du sogar schon eine gewisse Vorstellung, welches es
sein könnte. Wenn du zum Beispiel Elefanten-Figürchen sammelst,
dann sagt dir dein Unbewusstes, dass dein Geisttier wahrscheinlich ein Elefant ist. Vielleicht faszinieren dich seit jeher Füchse,
Eulen oder Schildkröten. Dies könnte sehr wohl ein Hinweis auf
dein Geisttier sein.

Vor gar nicht allzu langer Zeit war ich in London und fuhr mit
einem Freund in der U-Bahn. Er beschäftigte sich seit Kurzem mit
Geisttieren und war auf der Suche nach seinem Tier. Als die U-
Bahn ein Stück oberirdisch fuhr, sagte er mir, er sei zu dem Schluss
gekommen, dass sein Geisttier wohl ein Fuchs sein müsse, da in
seinen Träumen ständig Füchse auftauchten. Die U-Bahn hielt auf
freier Stecke an, und wir warteten, bis ein entgegenkommender Zug
vorbeigefahren war. Mein Freund erzählte mir, dass er seit Neues-
tem auch regelmäßig Füchse sah. Das überraschte ihn, denn früher waren ihm nie welche aufgefallen. Plötzlich lachte er laut auf

und zeigte aus dem Fenster. Wir hielten neben einem von Gebüsch überwucherten Hang. Auf dessen halber Höhe saß ein Fuchs und beobachtete in aller Ruhe die U-Bahn. Etwa sechzig Sekunden lang besah er sich den Zug, dann stand er auf und trollte sich ins Gebüsch.

„Verstehst du, was ich meine?", fragte mein Freund.

Ich war mindestens so beeindruckt wie er. Es war das erste Mal, dass ich einen Fuchs in freier Wildbahn gesehen hatte, und in der Londoner Innenstadt hätte ich dies am allerwenigsten erwartet. Dieses Erlebnis deutete wohl darauf hin, dass das Totemtier meines Freundes tatsächlich ein Fuchs war.

Seltsamerweise hatte ich nur wenige Monate zuvor auf einem Golfplatz in Florida zum ersten Mal einen freilebenden Waschbär gesehen. An jenem Tag befand ich mich in Gesellschaft einer Frau, die mir sagte, ihr Geisttier sei ein Waschbär. Kaum hatte sie mir dies erzählt, tauchte der Waschbär auf. Anscheinend bekommt man sie tagsüber nur selten zu sehen, doch dieser Waschbär scherte sich ganz offensichtlich weder darum noch um uns. Langsam zog er einen Kreis um ein kleines Rough und verschwand dann darin. Wir gingen sofort dort hinauf, wo er sich ins Unterholz geschlagen hatte, doch er war spurlos verschwunden. Es war faszinierend, dass ich so innerhalb weniger Monate auf zwei verschiedenen Kontinenten zwei Menschen unterstützen konnte, Bestätigung für ihr Geisttier zu finden.

Manche Menschen stellen überrascht fest, dass ihr Geisttier nicht unbedingt eines ist, das sie sich selbst ausgesucht hätten. Ich kenne einen Mann, dessen Totemtier eine Schneegans ist.

„Eigentlich wollte ich einen Löwen", sagte mir Hugo bei einer Tasse Kaffee. „Löwen sind stark und mächtig. Auch ein Wolf oder ein Bär wäre gut gewesen. Eine Gans spielt ja nicht gerade in derselben Liga wie ein Löwe. Nun ja, jedenfalls hatte ich vor ein paar Monaten ein Vorstellungsgespräch. Ich hatte ein wenig Lampenfieber deswegen und rief meinen Ganter. Wie jedes Mal kam er sofort. Ich ging die Straße entlang, und plötzlich war ich in ihm. Ich war der Ganter! Zunächst war ich ganz schön erschrocken, aber es hat sich fantastisch angefühlt. Bei dem Vorstellungsgespräch haben sich die Leute dann nichtsahnend mit einer Gans unterhalten", berichtete Hugo und lächelte. „Und ich habe die Stelle bekommen."

Hugos Erlebnis ist ein Beispiel für einen unabsichtlichen Gestaltwandel. Normalerweise versetzen sich Schamanen in einen Trancezustand, bevor sie einen Gestaltwandel erfahren; er kann jedoch auch anderweitig eintreten, üblicherweise dann, wenn das Geisttier entscheidet, dass es zu unserem Besten ist. Offensichtlich war dies bei Hugos wichtigem Vorstellungsgespräch der Fall, weil er aufgeregt und im Stress war. Als er seinen Ganter um Unterstützung anrief, kam dieser zu dem Schluss, dass Hugo besser abschneiden würde, wenn die beiden eins würden.

In aller Regel bekommen wir nicht das Tier, das wir wollen, sondern das, welches wir zum gegebenen Zeitpunkt brauchen. Es kann also durchaus sein, dass du glaubst, dein Totemtier sei zum Beispiel ein Wolf, dann aber feststellen musst, dass in deinen Träumen ein Bär oder Kaninchen auftaucht. Dies bedeutet, dass du auf die Symbolik, die Bedeutung und die besonderen Eigenschaften des Tieres oder der Tiere achten solltest, die in deinen Träumen auftauchen.

Nach der Überlieferung der amerikanischen Ureinwohner lernt man von Tieren wertvolle Lektionen fürs Leben. Die Kommunikation mit Tieren gilt als normal und üblich. In unseren komplexen, schnelllebigen Gesellschaften vergessen wir tendenziell, dass wir mit allen Lebewesen kommunizieren können. Wenn du zum Beispiel je ein Haustier hattest, dann weißt du, dass ihr beiden auf mehrfache Art und Weise kommuniziert habt, sowohl verbal als auch nonverbal. Tatsächlich kommunizieren viele Menschen intuitiv mit ihren Tieren.

## Dein Geisttier finden

Für manche Menschen ist dieser Prozess unglaublich einfach. Sie wissen intuitiv, welches ihr Geisttier ist, und können die Weisheit und Unterstützung, die ihr Totemtier ihnen zu schenken vermag, sofort umsetzen. Anderen fällt es schwerer. Deshalb findest du im Folgenden einige Methoden, mit denen du dein Geisttier finden kannst. Auf einer bestimmten Ebene weiß dein Unbewusstes bereits, welches dein Geisttier ist. Wenn du es findest, gibt dir dein Unbewusstes ein spürbares Erkennungszeichen.

## Träume

Viele Menschen finden ihr Geisttier im Traum. Ein bestimmtes Tier taucht regelmäßig in ihren Träumen auf, und nach und nach erkennen sie, dass sich ihnen damit tatsächlich ihr Geisttier vorstellt. Dies ist etwas anderes, als wenn ein Tier nur ein oder zwei Mal in Form eines Traumes auftaucht. Ein solches Tier bringt dir wahrscheinlich eine Botschaft, die gedeutet werden muss. Wenn sich ein Geisttier im Traum zeigt, dann tut es dies regelmäßig und nicht nur gelegentlich.

## Induzierte Träume

Induzierte Träume sind Träume, die dem Unbewussten absichtlich eingegeben werden. Sie sind eine sehr effektive Möglichkeit, dein Geisttier zu finden. Sage dir jeden Abend vor dem Einschlafen, dass du im Schlaf von deinem Geisttier träumen und diesen Traum

am Morgen erinnern wirst. Mache dir keine Vorwürfe, wenn es
nicht gleich in der ersten und auch nicht in der siebten Nacht funktioniert. Sage dir einfach jeden Abend dieselben Worte, bis du eines
Morgens mit dem Traum vor Augen aufwachst.


## Luzides Träumen

Luzides Träumen liegt vor, wenn du mitten im Traum erkennst, dass
du träumst. Physiologisch schläfst du und nimmst doch zugleich bewusst wahr. Das erste schriftliche Zeugnis über luzides Träumen im
Westen ist ein Artikel des niederländischen Arztes Frederik van Eeden zu diesem Thema in den *Proceedings* der *Society for Psychical
Research* von 1913. Van Eeden entdeckte, dass er seine Träume nach
Belieben steuern konnte. Statt seine Träume dem Zufall zu überlassen, konnte er sie in aufregende Abenteuer verwandeln.

Das Problem beim luziden Träumen war allerdings, dass es
spontan auftrat, wenn man nicht damit rechnete – im Leben eines
Durchschnittsmenschen meist nur einige wenige Male. Zum Glück
wurden Methoden entwickelt, wie Menschen luzide träumen können, wenn *sie* wollen, und nicht, wenn der Zufall es will.

Manche Menschen stellen fest, dass Meditation vor dem Einschlafen ihnen hilft, einen luziden Traum zu erleben. Schamanen
wissen, dass Trommeln und Chanten einen in einen Geisteszustand
versetzen, der die Häufigkeit von luziden Träumen erhöht.

Interessanterweise haben Menschen, die ein Traum-Tagebuch
führen, eher luzide Träume als andere, die dies nicht tun. Dies
mag daran liegen, dass Tagebuch-Schreibende ihren Träumen eine
Wichtigkeit beimessen, die andere, die sich nicht die Mühe machen,
ihre Träume nach dem Aufwachen festzuhalten oder zu analysieren, vermissen lassen.

Bei mir funktioniert folgende Methode gut: Ich sage mir kurz vor dem Einschlafen, dass ich heute Nacht einen luziden Traum haben werde. Meine Kursteilnehmer haben damit jedoch kaum Erfolg, und ich kenne nur wenige Menschen, die mit dieser Methode tatsächlich luzide Träume erleben können.

Viel erfolgreicher kann ich Menschen helfen, indem ich sie zur Selbsthypnose ermutige, um luzides Träumen zu fördern. Die Technik ist ganz einfach.

1. Nimm dir tagsüber zehn Minuten Zeit, in denen du nicht gestört wirst. Setze dich auf einen bequemen Stuhl.

2. Beginne, indem du zehn Mal langsam und tief durchatmest. Zähle beim Einatmen im Stillen auf drei, halte den Atem an und zähle dabei auf drei, und atme dann, auf fünf zählend, wieder aus.

3. Sage dir, dass du dich entspannst, und lasse zu, dass sich jeder Körperteil so weit als irgend möglich entspannt.

4. Wenn du völlig entspannt bist, dann sage dir: „Heute Nacht werde ich im Traum merken, dass ich träume, und meinen Traum so steuern können, wie ich will. Ich werde merken, dass ich träume, und ich werde meinen Traum so steuern können, wie ich will." Wiederhole diese Worte mehrmals. Es ist wichtig, dass du sie dir mit Überzeugung sagst. Jeder gedankliche Zweifel erschwert den Erfolg.

5. Wenn du so weit bist, wieder in den Alltag zurückzukehren, dann zähle auf fünf und öffne die Augen.

6. Wenn du zu Bett gehst, sage dir noch einmal, dass du luzide träumen wirst, und schlafe dann auf deine übliche Art und Weise ein.

Sobald du anfängst, luzide zu träumen, kannst du im Traum machen, was du willst. Am besten nutzt du deine ersten luziden Träu-

me, um etwas zu tun, was du schon immer einmal tun wolltest.
Sobald dir das luzide Träumen vertraut ist und du dich dabei sicher
fühlst, kannst du es nutzen, um dich zu deinem Geisttier führen zu
lassen.

Mehrere Menschen haben mir erzählt, dass dieses Erlebnis für sie
emotional so stark aufgeladen war, dass sie aufgewacht sind. Andere wunderten sich über ihr Geisttier und versuchten, ihren Traum
auf ein anderes Tier zu lenken. Einige haben mir sogar berichtet,
dass sie zunächst unglücklich waren über ihr Geisttier und deshalb
die Übung mehrere Nächte hintereinander wiederholt haben, in der
Hoffnung, sie würden zu einem Tier geführt, für das sie immer
Sympathie empfanden. Dies klappte jedoch nie. Jedes Mal kamen
sie aber wieder zu demselben Tier, das in genau derselben Haltung
wie zuvor geduldig wartete.


## Vorlieben und Abneigungen

Uns allen gefällt manches besser als anderes – auch bei Tieren.
Viele Menschen mögen Katzen, aber es gibt Personen, die es nicht
einmal aushalten, wenn sich eine Katze im selben Zimmer aufhält
wie sie. Ich mag Affen, aber meine Frau findet sie unsympathisch.
Eine Nachbarin hält Ratten als Haustiere. Ich habe nichts gegen
Ratten, aber als Haustier würde ich sie dennoch nicht halten.

Meine Mutter liebte Hühner. Als sie starb, erbte ich ein Drittel
ihrer Porzellanhühner-Sammlung, die alle in einem Korb saßen.
Ich mag diese Hühner, weil so viele Erinnerungen damit verbunden
sind, aber ich würde mir nie selbst so eine Sammlung zulegen.

Blicke einmal auf dein eigenes Leben zurück und schaue, auf
welche Tiere du besonders stark angesprochen hast. Eine Tier-
sammlung könnte ein Anzeichen dafür sein, dass es sich dabei um

dein Geisttier handelt. Ein Schulfreund von mir malte immer Hunde, wenn er vor sich hin kritzelte. So verwundert es nicht, dass der Hund sein Geisttier ist. Eine Verwandte kaufte sich ein Ziegenjunges als Haustier. Im Handumdrehen hatte sie Dutzende Ziegen. Ich war kein bisschen überrascht, als ich dann erfuhr, dass die Ziege ihr Totemtier ist.

Als eine meiner Kursteilnehmerinnen diese Übung machte, stellte sie fest, dass sie immer, wenn sie niedergeschlagen war, ein Rotkehlchen gesehen und dies sie wieder aufgemuntert hatte. Bis zu dem Moment, in dem sie rückblickend entdeckte, dass wirklich jedes Mal ein Rotkehlchen aufgetaucht war, war sie sich dessen gar nicht bewusst gewesen. Ganz offensichtlich ist das Rotkehlchen ihr Geisttier, und jetzt hält sie auf Schritt und Tritt nach Rotkehlchen Ausschau.

## Astrologie

Schaue dir die Tiere, die in der Astrologie – der chinesischen ebenso wie der westlichen – einen Bezug zu dir haben, genau an. Diese Tiere spielen ohnehin eine Rolle in deinem Leben, deshalb solltest du im Stillen über sie nachdenken und herausfinden, ob ihre Rolle vielleicht wichtiger ist als gedacht.

Im Folgenden findest du die für den chinesischen Tierkreis relevanten Jahre:

Ratte:   1924, 1936, 1948, 1960, 1972, 1984, 1996, 2008
Ochse:   1925, 1937, 1949, 1961, 1973, 1985, 1997, 2009
Tiger:   1926, 1938, 1950, 1962, 1974, 1986, 1998, 2010
Hase:    1927, 1939, 1951, 1963, 1975, 1987, 1999, 2011
Drache:  1928, 1940, 1952, 1964, 1976, 1988, 2000, 2012

Schlange: 1929, 1941, 1953, 1965, 1977, 1989, 2001, 2013
Pferd:      1930, 1942, 1954, 1966, 1978, 1990, 2002, 2014
Schaf:      1931, 1943, 1955, 1967, 1979, 1991, 2003, 2015
Affe:       1932, 1944, 1956, 1968, 1980, 1992, 2004, 2016
Hahn:       1933, 1945, 1957, 1969, 1981, 1993, 2005, 2017
Hund:       1934, 1946, 1958, 1970, 1982, 1994, 2006, 2018
Schwein:  1935, 1947, 1959, 1971, 1983, 1995, 2007, 2019

Denke daran, dass die Wesenszüge, die die Chinesen diesen Tieren zuschreiben, nicht unbedingt dieselben sind wie bei uns im Westen. In der chinesischen Astrologie gilt die Ratte als genial, charmant und gesellig. Einem im Westen geborenen Menschen kommen diese Eigenschaften beim Gedanken an Ratten nicht unbedingt in den Sinn.

## Numerologie

Numerologie ist die uralte Kunst, Charakter und Schicksal eines Menschen anhand der mit seinem Geburtsdatum und seinem Namen verbundenen Zahlen zu bestimmen. Mithilfe einfacher Numerologie kannst du herausfinden, welche Tiere den engsten Bezug zu dir haben. Dafür können drei wichtige Zahlen verwendet werden, die aus dem Geburtsdatum und dem vollständigen Geburtsnamen eines Menschen abgeleitet werden. Es sind die Lebenswegzahl (aus dem Geburtsdatum), die Ausdrucks- und die Herzenswunschzahl (aus dem vollständigen Geburtsnamen). Wie diese Zahlen bestimmt und verwendet werden, besprechen wir in Kapitel Vier.

## Pendel-Methode

Das Pendel ist ein nützliches und vielseitig verwendbares Instrument. Es besteht aus einem kleinen Gewicht an einem Faden, einer Kordel oder einer Kette. Trotz seiner Einfachheit kannst du damit beinahe Wunder vollbringen, weil es den Zugang zu deinem Unbewussten eröffnet.

Im Idealfall sollte das Gewicht zwischen achtzig und hundertsechzig Gramm liegen und der Faden zwischen acht und sechzehn Zentimetern lang sein. Halte den Faden zwischen Daumen und Zeigefinger deiner rechten Hand und lasse das Gewicht frei schwingen. (Linkshänder halten das Pendel in der linken Hand.) Bei jedem Gebrauch des Pendels, egal wie lange, ist es hilfreich, wenn du an einem Tisch sitzt und den Ellenbogen auf der Tischplatte aufstützen kannst.

Halte das Pendel mit deiner freien Hand an und frage es, welche Richtung „ja" anzeigt. Es kann ein, zwei Minuten dauern, bis es antwortet. Wenn sich der Umgang mit dem Pendel bei dir erst einmal eingespielt hat, erfolgt die Reaktion sofort. Doch bis man diese Stufe erreicht hat, erfordert es etwas Zeit. Sobald das Pendel zu reagieren beginnt, schwingt es entweder vorwärts und rückwärts, seitlich oder im Kreis – mit dem oder gegen den Uhrzeigersinn. Notiere dir die Antwort und frage das Pendel dann, welche Bewegung „nein" bedeutet. Für das folgende Experiment brauchst du nur diese beiden Antworten. Wenn du möchtest, kannst du aber auch erfragen, welche Bewegung für „ich weiß es nicht" und welche für „darauf will ich nicht antworten" steht. Danach kannst du dem Pendel jede beliebige Frage stellen.

Jetzt kannst du das Pendel zur Bestimmung deiner Geisttiere nutzen. Bevor du das Pendel bittest, dir dein Totemtier zu zeigen, erstelle eine Liste mit möglichst vielen Tieren. Dann kannst du das Pendel in die Hand nehmen und fragen: „Ist … mein Geisttier?" Das Pendel wird mit ja oder nein antworten. Gehe deine gesamte Liste durch, auch wenn du schon früh eine bejahende Antwort erhältst; denn es ist durchaus möglich, dass du mehr als ein Totemtier hast.

Eines solltest du jedoch wissen: Wenn du eine starke emotionale Verbindung zu einer Antwort hast, gibt dir das Pendel die Antwort, die du dir wünschst. Wenn du also zum Beispiel felsenfest davon überzeugt bist, dass dein Totemtier ein Bär ist, dann wird dir dein Pendel dies wahrscheinlich bestätigen. In solchen Fällen ist es besser, wenn du jemanden, für den die Antwort nicht so sehr mit Emotionen belastet ist, bittest, das Pendel für dich zu halten.

## Meditation

Dies ist eine angenehme Übung, die überraschende Antworten erbringen kann. Für viele meiner Kursteilnehmer war dies die erfolgreichste Methode, ihr Totemtier zu finden. Sie besteht in einer geführten Meditation. Du brauchst dich dazu nur bequem hinzusetzen oder hinzulegen, die Augen zu schließen und dem unten stehenden Skript zu folgen.

Du kannst das Skript auf einen Datenträger aufsprechen oder es dir von einem Freund oder einer Freundin vorlesen lassen. Du kannst es dir aber auch mehrmals durchlesen, um dir den Inhalt einzuprägen, und es dir dann in der Entspannung mit eigenen Worten vorsprechen.

Sorge dafür, dass es im Zimmer angenehm warm ist. Eine Wolldecke kann gute Dienste leisten, wenn du möchtest. Trage locker sitzende Kleidung und mache es dir so bequem wie möglich. Dann schließe die Augen, entspanne dich und folge der Anleitung. Du brauchst dich nicht anzustrengen, sondern nichts weiter zu tun, als dich zu entspannen und zuzuhören. Es macht auch nichts, wenn du in einen Tagtraum abgleitest. Wenn du merkst, dass du nicht mehr aufmerksam bist, dann höre der Stimme einfach wieder neu zu.

## Meditations-Skript

„Atme angenehm tief ein und lasse die Luft langsam wieder ausströmen. Lasse zu, dass sich alle deine Muskeln entspannen. Mit jedem Atemzug wirst du entspannter. Atme noch einmal tief ein und langsam wieder aus. Spüre, wie die Entspannung jede Zelle deines Körpers erreicht. Es ist ganz einfach und mühelos und *sehr* entspannend.

Lenke deine Aufmerksamkeit zu den Muskeln um deine Augen. Es sind die feinsten Muskeln im ganzen Körper. Konzentriere dich auf diese Muskeln und lasse zu, dass sie sich vollständig entspannen. Entspanne diese Muskeln und lasse dann eine Welle der Entspannung durch deinen ganzen Körper fließen, von der obersten Stelle deines Kopfes bis in die Zehenspitzen. Es ist ganz leicht und sehr angenehm, so vollkommen entspannt zu sein, wenn nichts und niemand dich belasten oder stören kann. Lasse zu, dass sich in deinem ganzen Körper angenehme Entspannung ausbreitet.

Es ist ein so wohliges und zufriedenes Gefühl, so entspannt zu sein, und mit jedem Atemzug kommst du sogar noch tiefer in diesen angenehmen, entspannten Zustand. Nach und nach stellst du fest, dass alle Außengeräusche in immer weitere Ferne rücken, und du achtest nur noch auf meine Stimme, während du dich immer tiefer entspannst.

Sehr angenehm. Sehr wohlig. Und *sehr* entspannend, während du immer tiefer in die Entspannung gleitest. Du befindest dich jetzt in einem schönen, angenehmen, gelassenen Zustand, aber du kannst dich sogar noch tiefer in dieses wunderbare Gefühl völliger Entspannung fallen lassen. Es ist ganz leicht und tut dir sehr gut.

Stelle dir nun vor deinem inneren Auge die schönste und friedlichste Szenerie vor, an die du dich erinnern kannst. Wenn du möchtest, kannst du dir auch ein schönes Bild innerlich ausmalen. Stelle dir vor, du seiest mittendrin in dieser wunderbaren Szenerie. Es ist ein großartiger Tag, und du fühlst dich umgeben von Frieden, Ruhe und universeller Liebe.

Stelle dir vor, wie du aufstehst und durch diese schöne Landschaft gehst. Du entdeckst ein paar Stufen und bist neugierig, wohin sie führen. Im Näherkommen erkennst du, dass es sich um eine wunderschöne hölzerne Treppe handelt, die zu einem kleinen, baumbestandenen Hain hinunterführt. Das Sonnenlicht, das durch die Bäume fällt, setzt lichte Sprenkel auf das hohe Gras. Es riecht warm und frisch und erinnert dich an angenehme Erlebnisse von früher, wenn du dich eins gefühlt hast mit der Natur. Der Hain sieht so einladend und anziehend aus, dass du beschließt, die Stufen hinunter und in das schöne Wäldchen hineinzugehen.

Lege die Hand auf das Geländer und lasse zu, dass sich deine Entspannung beim Gang die Stufen hinunter und in das Wäldchen mit jedem Schritt verdoppelt. Zehn. Immer tiefer gleitest du in eine angenehme Entspannung. Neun, noch ein Schritt nach unten, und deine Entspannung verdoppelt sich. Acht. Fast schwebst du eine weitere Stufe hinunter. Sieben. Du gleitest, und deine Entspannung verdoppelt sich noch einmal. Sechs. Immer entspannter. Fünf. Die Hälfte dieser wunderschönen Treppe. Vier. Deine Entspannung verdoppelt sich. Drei. Sehr tief entspannt. Zwei und eins. Du trittst auf das angenehme warme Gras und fühlst dich unglaublich entspannt, ganz locker und gelöst und in jedem Teil deines Wesens neu belebt.

Du betrittst die Lichtung. Genau in der Mitte befindet sich eine schöne Mulde, dort legst du dich in die Sonne und genießt den Duft und die Weichheit des lieblichen Grases.

Während du dort liegst, so heiter und entspannt, bemerkst du leise Geräusche um dich herum. Du erkennst, dass sich auf dieser zauberhaften Lichtung auch verschiedene Tiere aufhalten. Du fühlst dich sicher und beschützt und weißt, dass kein Tier dir etwas tut. Sie sind von Natur aus neugierig auf dich, und vor deinem inneren Auge siehst du, wie verschiedene Tiere in die Mulde kommen, um dich anzuschauen. Manche bleiben nur kurz, andere verweilen länger, vielleicht, weil sie spüren, dass zwischen euch eine gewisse Übereinstimmung besteht. Einige Tiere kommen immer wieder, andere nur einmal. Du bemerkst, dass auf dieser Lichtung Hunderte verschiedener Tiere wohnen, die alle friedlich beieinander leben.

Während du dort liegst und vor deinem inneren Auge die Tiere kommen und gehen siehst, spürst du, dass du dich zu manchen ganz besonders hingezogen fühlst. Du freust dich über alle, aber zwischen manchen Tieren und dir besteht eine besondere Verbindung.

Jetzt wird es still, und die Tiere verschwinden. Du bleibst ruhig und entspannt, denn du weißt, dass du in wenigen Augenblicken dein besonderes Geisttier sehen wirst. Atme angenehm tief ein und lasse die Luft langsam wieder ausströmen. Nimm wahr, wie friedlich du in dieser Oase liegst, behütet, geborgen und ganz tief entspannt.

Wenn du dich so selbst wahrnimmst und die Szenerie vor deinem inneren Auge visualisierst, lasse zu, dass das erste Tier, das dir in den Sinn kommt, den Schauplatz betritt. Beobachte dieses Tier still und unbeteiligt. Dies ist dein Geisttier. Dein Geisttier ist da, um dich zu führen und dir in allen Dingen zu helfen, in denen du es dir wünschst. Gönne dir ein paar Augenblicke, um dich mit deinem Geisttier vertraut zu machen.

(Etwa dreißig Sekunden Stille.)

Jetzt ist es an der Zeit, wieder zu vollem Bewusstsein zurückzukehren. Dazu zähle ich auf fünf. Dann öffnest du die Augen, fühlst dich wunderbar lebendig und voll überreicher Energie. Bis du deine Augen öffnest, hast du außerdem einige Erkenntnisse über dein Geisttier gewonnen.

Eins, du schöpfst Energie. Zwei, du fühlst dich angeregt, freust dich und bist sehr glücklich. Drei, du kommst immer mehr zurück. Vier, du bist fast da. Fünf, du öffnest die Augen und fühlst dich großartig."[7]

## Tanzen

Meine Frau würde wahrscheinlich sagen, ich sei ein lausiger Tänzer. Trotzdem ist dies meine Lieblingsmethode zur Bestimmung von Totemtieren. Es handelt sich dabei um eine uralte schamanische Vorgehensweise, die als das „Rufen der Tiere" bezeichnet wird. Dazu gehören zwei Rasseln und Bewegung. Wenn du ganz traditionsgemäß vorgehen willst, fertigst du deine Rasseln selbst und gibst dazu Kieselsteine in Flaschenkürbisse. Du kannst aber auch in einer Musikalienhandlung etwas Passendes kaufen. Mehrere Jahre lang hatte ich ein Rasselpaar, das ich in einem Spielzeugladen entdeckt hatte. Sie waren ziemlich bunt und aus Plastik, aber sie hatten einen angenehmen Klang und erfüllten ihren Zweck.

Sorge dafür, dass du mindestens eine halbe Stunde lang unbeobachtet bleibst und nicht gestört wirst. Trage locker sitzende Kleidung. Stelle fest, wo die vier Himmelsrichtungen sind.

1. Stelle dich in die Mitte eines imaginären Kreises und schaue nach Osten. Strecke deinen rechten Arm in diese Richtung aus und schüttele die Rassel drei Mal. Dies ist das Zeichen, dass du gleich deinen Tanz beginnst.

2. Warte etwa zwanzig Sekunden und schüttele die Rassel in deiner rechten Hand dann sehr energisch. Denke dabei an deinen Wunsch, dein Geisttier zu finden.

3. Tue dies dreißig Sekunden lang und wende dich dann nach Süden. Schüttele die Rassel dreißig Sekunden lang in dieser Richtung. Wiederhole dasselbe Richtung Westen und Norden. Denke dabei immerzu an dein Geisttier.

4. Wende dich wieder nach Osten und schüttele jetzt beide Rasseln sehr schnell. Tanze auf der Stelle und drehe dich dabei langsam im Kreis. Welche Bewegungen du machst, ist ganz dir überlassen. Sei so originell und kreativ, wie du nur kannst. Schüttele beide Rasseln in alle vier Himmelsrichtungen. Dann schüttele sie nach oben zum Himmel sowie nach unten Richtung Mutter Erde.

5. Schüttele weiterhin beide Rasseln, aber verlangsame das Tempo ein wenig. Bewege dich im ganzen Raum umher. Du wartest jetzt auf ein Zeichen, dass dein Geisttier in der Nähe ist. Singe, rufe oder mache Tiergeräusche, wenn du möchtest. Sei offen für alles, was deine Emotionen nach oben spülen.

6. Werde noch einmal langsamer. Gehe im Zimmer umher und ahme dabei den Gang verschiedener Tiere nach. Schon bald wirst du zu deinem Geisttier geführt werden. Es kommt als ein Gefühl, als eine Empfindung oder einfach als eine Gewissheit. Lasse zu, dass sich das Gefühl in dir aufbaut. Lasse zu, dass dein Geisttier in dein Wesen eintritt, damit ihr eins werden könnt.

7. Wenn du sicher weißt, wer dein Geisttier ist und es in dir spüren kannst, dann höre auf zu tanzen und lasse die Rasseln ausklingen.

8. Nimm dir so viel Zeit, wie du möchtest, um dein Geisttier zu begrüßen.

9.  Wenn du so weit bist, dann wende dich mit ausgestrecktem
    rechten Arm wieder nach Osten. Schüttele die Rassel drei
    Mal, um anzuzeigen, dass das Ritual beendet ist.

## Verkleiden

Bei dieser Methode nutzt du die schamanische Technik, dich als
Tier zu verkleiden. Dadurch gewinnst du die Eigenschaften des Tieres. Sein Fell brauchst du dazu nicht. Alles, was das Tier symbolisiert oder für das Tier steht, genügt.

Beginne, indem du Dinge sammelst, die einen Bezug zu den
Tieren haben, die dich besonders ansprechen. Wenn du genügend
Gegenstände hast, dann suche dir einen Ort, an dem du nicht unter-
brochen wirst. Ziehe dich bis auf die Unterwäsche aus und befestige
dann einen Gegenstand an dir, der eines der Tiere repräsentiert.
Spüre, wie es sich anfühlt. Bewege dich im Zimmer, als ob du dieses Tier bist. Wenn du möchtest, mache Tiergeräusche. Spüre nach,
ob es sich stimmig anfühlt.

Lege die Dinge, die sich auf dieses erste Tier beziehen, wieder ab.
Stehe auf, räkele dich und atme mehrmals tief durch, um die Energie dieses Tieres aus deinem Körper zu entlassen. Dann wiederhole
die Übung mit einem Gegenstand, der ein anderes Tier symbolisiert.

Genieße diese Übung. Sie soll Spaß machen. Lache über dich,
wenn du die Bewegungen und Laute der jeweiligen Tiere nach-
ahmst. Wenn jemand ins Zimmer käme und dich sähe, würde er
wahrscheinlich lachen. Lache ruhig auch über dich.

Irgendwann im Laufe dieser Übung hast du wahrscheinlich das
Gefühl, dass ein bestimmtes Tier das richtige für dich ist. Dieses
Gefühl stellt sich als eine Gewissheit ein, als ein allmähliches Ge-

wahrwerden, dass dies dein Geisttier ist. Setze die Übung so lange fort, bis du alle Tiere ausprobiert hast. Lege dann noch einmal den Gegenstand des Tieres an, das sich stimmig angefühlt hat. Sei wieder dieses Tier und spüre nach, ob sich erneut dieselbe Gewissheit einstellt.

Natürlich ist es möglich, dass du diese Übung machst und feststellst, dass du zu keinem Tier eine Verbindung herstellen kannst. Sammele in diesem Fall Dinge, die einen Bezug zu anderen Tieren haben, und wiederhole die Übung.

Denke daran, diese Übungen zu machen, wenn du unbeobachtet bist. Zwar sind die Leute heute offener denn je, doch dafür haben sie möglicherweise immer noch kein Verständnis. Statt andere zu verärgern oder zu verwirren, sollte man derartige Übungen oder Riten lieber ganz für sich allein vollziehen.

Vielleicht bist du überrascht, welches Geisttier sich dir zeigt. Das brauchst du nicht. Im Laufe eines Lebens hast du mehrere Geisttiere, denn sie kommen und gehen so, wie du sie brauchst. Die meisten Menschen bemerken dies nicht einmal.

Manchmal gehen sie, weil sie vernachlässigt worden sind. Wenn du dein Geisttier erst einmal gefunden hast, musst du im Kontakt mit ihm bleiben. Der Tanz ist dafür eine sehr wirksame Methode. Entspannung und intuitive Gespräche miteinander sind eine weitere. Auch ein Spaziergang in einem Umfeld, in dem sich dein Geisttier wohlfühlen würde, ist eine ausgezeichnete Idee, um die Kommunikation in Gang zu bringen. Ein Freund von mir geht regelmäßig in einem Park in der Nähe seines Hauses spazieren. Für ihn ist es der heiligste Ort der Welt, weil er sich dort ausführlich und ungestört mit seinem Geisttier unterhalten kann.

Sobald du eine starke Verbindung zu deinem Geisttier aufgebaut hast, wirst du feststellen, dass es in deinen Träumen präsent ist. Auch wenn es nicht immer unmittelbar im Traum vorkommt, wirst du bemerken, dass es dessen Inhalt beeinflusst. So wirst du in deinen Träumen wertvolle Botschaften erhalten.

Im nächsten Kapitel gehen wir noch einen Schritt weiter und schauen uns deine persönlichen Totemtiere an.

**Kapitel Vier**

● ● ● ● ● ● ● ● ● ● ● ● ● ● ● ● ● ● ● ●

# Deine Tiertotems

Viele halten den Menschen für ein höheres Wesen als alle anderen Lebensformen auf unserer Erde. Doch auch für solche Leute sind alle Lebensformen wichtig. Alles Lebendige ist die Schöpfung der Universellen Lebenskraft, die allen ihren Geschöpfen Bewusstsein, Verstand und Geist verleiht. Wenn wir dies zu würdigen wissen, fällt es uns leichter, die Heiligkeit der Natur anzuerkennen und alle Lebensformen zu ehren. Dass wir von anderen Lebensformen lernen, ist seit Jahrtausenden bekannt. In der Bibel gibt es einen wunderbaren Abschnitt, der dies veranschaulicht: „Frage doch das Vieh, das wird dich's lehren, und die Vögel unter dem Himmel, die werden dir's sagen, oder die Sträucher der Erde, die werden dich's lehren, und die Fische im Meer werden dir's erzählen." (Hiob 12, 7-8)

Totemismus ist der Glaube, dass ein Einzelner oder eine Gruppe eine mystische Beziehung zu einem Tier oder einer Pflanze, dem sogenannten *Totem*, hat. Das Totem gilt als das Wahrzeichen oder Symbol des entsprechenden Menschen oder der Gruppe.

Das Wort *Totem* geht auf den Begriff *ototeman* zurück, den die Ojibwe in der Region der Großen Seen in Nordamerika verwendeten. Er bedeutete ursprünglich „Bruder-Schwester-Verwandtschaft"

und bezeichnete die Blutsbeziehung zwischen Geschwistern. 1791
führte ein britischer Kaufmann das Wort in die englische Sprache
ein. Er glaubte irrtümlich, das Wort bezeichne den in Tiergestalt
erscheinenden Schutzgeist eines Menschen.[1]

Bei den amerikanischen Ureinwohnern wurden viele junge Männer ausgesandt, ihr Totemtier zu finden. Vier Tage lang verzichteten
sie auf Nahrung und baten Mutter Erde sowie die Höhere Macht,
sie zu beschützen und ihnen einen Geisthelfer an die Seite zu stellen. In den vier Tagen, die sie von ihrem Stamm getrennt waren,
hatten sie viele Visionen – zweifellos ausgelöst durch Hunger,
Schlafentzug und die Kommunikation mit den Göttern – bis sie
schließlich ihr Totemtier fanden. An einem bestimmten Punkt im
Laufe der vier Tage sah der junge Mann das Tier, das sein Totem
werden würde. Dann tötete er es mit Pfeil und Bogen und behielt
einen kleinen Teil davon als sein Schutztotem.[2]

Danach galt das Totem als Begleiter, Freund, Beschützer und
Führer. Der Mensch identifizierte sich symbolisch mit dem Totemtier und tötete oder aß dieses Tier nie wieder.

Der Totemismus spielte im Leben der nordamerikanischen Ureinwohner und der australischen Aborigines eine bedeutende Rolle.
In unterschiedlichen Formen wurde er jedoch auf der ganzen Welt
praktiziert. So galt zum Beispiel in Großbritannien die Amsel in
alter Zeit als Bote der Toten. Die Inkas achteten den Kondor und
den Puma, weil sie glaubten, diese Tiere seien Gesandte der Geis-
teswelt. Ähnliches bedeutete der Eisbär den Menschen in Sibirien;
und die Elenantilope war für das Volk der San im südlichen Afrika
das wichtigste Geisttier.

Immer mehr Menschen auf der ganzen Welt werden sich der Heiligkeit allen Lebens bewusst. Die Menschen sind nur eine Lebens-
form auf diesem Planeten, und wir haben die Pflicht, für unsere
Umwelt und alle Lebewesen zu sorgen. Diese Vorstellung ist uralt.

Die Bhagavad Gita (6, 28-32) sagt, dass ein Mensch, der an die Gottheit rührt und ein gutes, tadelloses Leben führt, „sich selbst in allen Wesen sieht und alle Wesen auch in sich". Dies bedeutet, dass wir alle eins sind.

Sogenannte primitive Völker waren sich dessen schon immer bewusst. Sie betrachteten die Erde als ihre Mutter und alles Leben als Bruder und Schwester. Natürlich haben sie Tiere getötet, um sie zu essen, doch die Vorstellung, Tiere als „Sport" zu töten, war ihnen unbekannt. Wenn Angehörige des Volkes der Ainu im Norden Japans einen Bär töteten, segneten sie die Seele des Tieres und sagten ihr, sie solle als Ainu wiedergeboren werden.[3] Der Boden wurde bestellt, um Nahrung anzubauen, doch bevor er erneut bestellt wurde, ließ man ihm Zeit zur Erholung.

Man kann sich leicht vorstellen, wie es heute einem Aborigine geht, wenn er in dem ehemals unberührten Kakadu Nationalpark im australischen Northern Territory eine Uranmine sieht. Über zehn Jahre lang haben die Menschen gegen diese Mine protestiert. Heute ist sie geschlossen, aber nur wegen des Preisverfalls beim Uran.

Das Wort *Totem* verwende ich in diesem Kapitel, weil es gebräuchlich ist. Dein Totemtier ist ein Tier, zu dem du dich besonders hingezogen fühlst, normalerweise wegen seiner Eigenschaften oder seiner Symbolik. In vieler Hinsicht könnte man es als Archetyp deines inneren Tierselbstes betrachten. In manchen Kulturen gilt das Totemtier als ein Ahne oder körperlicher Aspekt einer Gottheit. Viele Menschen betrachten ihr Totemtier als eine Art Geistführer. Ich würde es eher als Geist- oder Krafttier bezeichnen, doch ich weiß, dass diese Begriffe für viele Menschen Synonyme für die Kraft und den Schutz sind, die ihnen ihr persönliches Totem schenkt.

## Wie du dein Totemtier findest

Manche Menschen wissen instinktiv, aus welcher Tierart ihr Totemtier kommt. Andere müssen ihr Totemtier durch Experimentieren entdecken. Wichtig ist, dass du keinerlei Erwartungen hast, wer
dein Totemtier sein soll. Wenn du zum Beispiel überzeugt bist, dass
dein Totemtier ein Löwe ist, dann kann diese vorgefasste Meinung
durchaus verhindern, dass du dein wahres Totemtier findest.

Im Folgenden findest du einige Methoden, die dir weiterhelfen
können, wenn du nicht sicher bist, wer dein Totemtier ist.

## Dein Totemtier durch Namensassoziationen finden

Vor Jahren lernte ich einen Mann namens Fuchs kennen. Es überraschte mich nicht, dass er den Fuchs für sein Totemtier hielt. Wenn
dein Nachname also Bär, Wolf, Rabe oder ein anderer Tiername ist,
dann solltest du ernstlich darüber nachdenken, ob nicht dieses Tier
dein Totemtier sein könnte.

Eine Frau, die ich vor vielen Jahren einmal kennengelernt habe,
wohnte als Kind in der Horse Parade Avenue. Wohl deshalb war
ihr Totemtier ein Pferd. Als ich dies bei einem Vortrag beiläufig
erwähnte, hoben viele Zuhörer die Hand. Eine Frau sagte, sie wohne in der Monkey Apple Street, und ihr Totemtier sei ein Affe. Ein
Mann berichtete, er wohne am Bullrush Drive, und sein Totemtier
sei ein Bulle.

## Dein Totemtier anhand persönlicher Interessen finden

Eine Freundin meiner Mutter sammelte Statuetten, Fotos und Gemälde von Elefanten. Sie tat dies jahrelang, ohne sich je zu fragen, warum sie sich so sehr zu Elefanten hingezogen fühlte – und sie war selbst am meisten überrascht, als sie herausfand, dass der Elefant ihr Totemtier ist. Wenn du eine Sammlung rund um ein bestimmtes Tier besitzt, dann solltest du dich fragen, warum du dich zu diesem Tier hingezogen fühlst, denn es könnte durchaus dein Totemtier sein.

## Dein Totemtier durch unerklärliche Vorfälle finden

Wenn ein bestimmtes Tier in deinem Leben immer wieder auftaucht, könnte es sehr wohl dein Totemtier sein. Dies ist ganz besonders dann der Fall, wenn das Tier an Orten auftaucht, an denen du es nie erwarten würdest. So würde man zum Beispiel in einer Höhle keinen Habicht erwarten. Wenn du regelmäßig ungewöhnliche Vorfälle mit demselben Tier erlebst, dann sprich telepathisch mit ihm und finde heraus, ob es dein Totemtier ist.

## Dein Totemtier durch Meditation finden

Das Wort *Meditation* beunruhigt viele Menschen. Wenn es darum geht, dein Totemtier zu finden, bedeutet es aber lediglich, dich irgendwo, wo du ungestört bist, still hinzusetzen. Schließe die Augen und atme ein paarmal langsam und tief durch. Lasse zu, dass alle Muskeln deines Körpers sich entspannen. Beginne mit den Muskeln in deinen Zehen und Füßen und entspanne nach und nach alle Muskeln in deinem Körper.

Wenn du völlig entspannt bist, dann frage dich, wer dein Totemtier ist. Warte ab, was dir in den Sinn kommt. Vielleicht erhältst du auf Anhieb ein klares Bild von einem bestimmten Tier. Wahrscheinlicher ist allerdings, dass dir nichts Besonderes vor Augen steht und deine Gedanken nach und nach abwandern. Wenn du dies bemerkst, dann stelle die Frage noch einmal, und wenn nötig, immer wieder. Mache dir keine Gedanken, wenn dir beim ersten Mal nichts in den Sinn kommt. Wiederhole die Übung regelmäßig, bis dein Totemtier sich dir zu erkennen gibt.

### Dein Totemtier im Schlaf finden

Es ist eine der wirkungsvollsten Methoden, dein Totemtier zu finden, wenn du dir vor dem Einschlafen am Abend sagst, dass du etwas von deinem Totemtier hören möchtest. Vielleicht hörst du in der ersten Nacht und selbst nach zwei Wochen noch nichts von deinem Totemtier, doch irgendwann ist es so weit. Bleibe auch in deinem ganz normalen Alltag aufmerksam dafür. Es kann sein, dass du plötzlich an ein ganz bestimmtes Tier denken musst und erkennst, dass dies dein Totemtier ist. Du kannst dein Totemtier auch bitten, dir im Traum zu erscheinen. Wenn du um einen luziden Traum bittest, kannst du die Energie des Tieres spüren, während du mit ihm sprichst.

Wenn dir diese Methode zusagt, dann nutze alle Hilfsmittel, die du deinem Empfinden nach für einen guten Schlaf brauchst. Du könntest zum Beispiel einen Traumfänger aufhängen, der dir symbolisch hilft zu träumen. Oder nimm vor dem Zubettgehen ein warmes Bad. Du könntest auch ein wenig ätherisches Öl in die

Fußsohlen einreiben – etwa Zedernholz, Orange oder Immortelle – um dich zum Träumen anzuregen. Ylang Ylang und Vetiver sollen beim Aufwachen die Traumerinnerung fördern. Zur Vermeidung von Hautirritationen sollten ätherische Öle stets mit pflanzlichen Ölen verdünnt werden. Oft kann man ätherische Öle auch bereits in verdünnter Form kaufen. Für selbstgemachte Mischungen rechnet man etwa 3% ätherisches Öl auf 97% Basisöl.

## Dein Totemtier durch Gebet finden

Wenn du regelmäßig betest, ist diese Methode für dich wahrscheinlich hilfreich. Bitte gegen Ende deiner Gebete darum, dass dir dein Totemtier gezeigt wird. Beende dein Gebet wie üblich und begib dich wieder an deine alltäglichen Tätigkeiten. Wiederhole diese Bitte bei jedem Gebet, bis du entdeckst, wer dein Totemtier ist.

## Dein Totemtier anhand von Charakterzügen finden

Eine andere Methode besteht im Nachdenken über die Tiere, zu denen du dich hingezogen fühlst. Frage dich, ob eines oder mehrere dieser Tiere ein ähnliches Verhalten aufweisen wie du. Hast du es faustdick hinter den Ohren? Dein Totemtier könnte ein Affe sein. Bist du still und zurückhaltend? Dein Totemtier könnte ein Reh sein. Deine Persönlichkeit könnte dir die notwendigen Hinweise auf dein Totemtier geben.

## Dein Totemtier mithilfe der Astrologie finden

Manche Menschen wenden sich dem mit ihrem Sternzeichen verbundenen Tier zu. Wer also im Sternzeichen Widder geboren ist,
könnte den Widder zu seinem Totemtier wählen. Diese Methode
führt jedoch nicht immer zum richtigen Ergebnis. Ich kannte einen
Löwen, der glaubte, der Löwe sei sein Totemtier. Nach und nach
entdeckte er jedoch, dass sein Totemtier in Wirklichkeit ein Eisbär
war. Da vier Sternzeichen nicht mit einem Tier verbunden sind, ist
diese Methode nicht für jedermann anwendbar. Zwillinge, Jungfrau, Waage und Wassermann können ihr Totemtier nicht auf diese
Weise ermitteln. Der Schütze ist übrigens mit dem Pferd verbunden, da er symbolisch halb Mensch, halb Pferd ist.

Nach einer anderen Methode verwendest du die mit deinem chi-
nesischen Sternzeichen verbundenen Tiere. Sie bestimmen sich
nach deinem Geburtsjahr. Die mit dem jeweiligen Jahr assoziierten
Tiere beziehen sich auf Charakter und Persönlichkeit der in diesem
Jahr geborenen Menschen. Die Tiere und ihre Jahre sind in Kapitel
Drei aufgeführt.

## Dein Totemtier mithilfe der Numerologie finden

Die Numerologie ist eine uralte Form des Wahrsagens und der Cha-
rakteranalyse. Sie deutet die aus dem Namen und dem Geburtsdatum eines Menschen abgeleiteten Zahlen. In der Numerologie gibt
es vier Hauptzahlen: Lebensweg, Ausdruck, Herzenswunsch und
Geburtstag.

## Lebensweg

Der Lebensweg steht für die Lebensaufgabe des Menschen. Die Zahl zeigt, was er in diesem Leben tun sollte. Der Lebensweg wird ermittelt, indem man aus dem Geburtsdatum des Betroffenen die Quersumme bildet und diese auf eine Ziffer reduziert. Leider gibt es zwei Ausnahmen. Wenn sich beim Bilden der Quersumme die Zahl 11 oder 22 ergibt, wird diese nicht auf eine einstellige Ziffer reduziert. In der Numerologie gelten die 11 und die 22 als Meisterzahlen. Viele Menschen glauben, diese Zahlen zeigten an, dass die zugehörige Person eine alte Seele ist.

Im Folgenden ein Beispiel für jemanden, der am 28. April 1980 geboren wurde:

$$
\begin{array}{rll}
& 28 & \text{(Tag)} \\
+ & 4 & \text{(Monat} \\
+ & 1980 & \text{(Jahr)} \\
\hline
= & 2012 & 2+0+1+2=5
\end{array}
$$

Die Lebenswegzahl dieses Menschen ist 5.

Vielleicht fragst du dich, warum wir zur Bestimmung der Zahl eine Summe bilden, wo wir doch in diesem Fall dasselbe Ergebnis erhalten, wenn wir die Zahlen nacheinander addieren: $2 + 8$ (Tag) $+ 4$ (Monat) $+ 1 + 9 + 8 + 0 = 32$ und $3 + 2 = 5$. Das klappt meistens, doch Meisterzahlen können bei dieser Methode verloren gehen. Hier ein Beispiel: Eine gute Freundin wurde am 29. Februar 1944 geboren.

$$
\begin{array}{rl}
29 & \text{(Tag)} \\
+ \quad 2 & \text{(Monat} \\
+ \quad 1944 & \text{(Jahr)} \\
\hline
= \quad 1975 & 1 + 9 + 7 + 5 = 22, \text{ eine Meisterzahl}
\end{array}
$$

Wenn wir die Zahlen nacheinander aufaddieren, verlieren wir die Meisterzahl: 2 + 9 (Tag) + 2 (Monat) + 1 + 9 + 4 + 4 = 31 und 3 + 1 = 4

## Ausdruck

Die Ausdruckszahl zeigt die natürlichen Fähigkeiten eines Menschen. Sie wird aus den Buchstaben im vollständigen Geburtsnamen der Person ermittelt. Diese werden anhand folgender Tabelle in Zahlen umgerechnet:

| 1 | 2 | 3 | 4 | 5 | 6 | 7 | 8 | 9 |
|---|---|---|---|---|---|---|---|---|
| A | b | C | D | E | F | G | H | I |
| J | K | L | M | N | O | P | Q | R |
| S | T | U | V | W | X | Y | Z |   |
|   | Ö |   |   |   |   |   | A | Ü |
|   | ß |   |   |   |   |   |   |   |

Hier ein Beispiel für eine fiktive Person namens Samantha Jane Courtland.

```
S A M A N T H A      J A N E      C O U R T L A N D
1 1 4 1 5 2 8 1      1 1 5 5      3 6 3 9 2 3 1 5 4
    2 3                1 2              3 6
    2 + 3 = 5          1 + 2 =3         3 + 6 = 9
```

5 + 3 + 9 = 17
und 1 + 7 = 8
Samantha hat die Ausdruckszahl 8.


## Der Herzenswunsch

Die Herzenswunschzahl zeigt, was der Mensch insgeheim gerne
erreichen würde. Sie wird durch Addition aller **Vokale** im vollständigen Geburtsnamen ermittelt.

Leider gibt es auch hier wieder eine Ausnahme. Der Buchstabe
Y gilt dann als Konsonant, wenn er wie ein J ausgesprochen wird.
Beim Vornamen Yolande gilt er daher als Konsonant, bei Yvonne
hingegen als Vokal.

```
S A M A N T H A      J A N E      C O U R T L A N D
  1   1     1          1   5      6 3         1
        3                6             10
                                       1 + 0 = 1
```

3 + 6 + 1 = 10
und 1 + 0 = 1


Samanthas Herzenswunschzahl ist 1.

## Geburtstag

Die Geburtstagszahl ist der Tag, an dem der oder die Betreffende geboren wurde, reduziert auf seine einstellige Quersumme. Weil 11 und 22 Meisterzahlen sind, wird bei jemanden, der an einem 11., 22. oder 29. geboren wurde, die Quersumme nicht auf eine einstellige Ziffer reduziert. 11 und 22 bleiben, wie sie sind, und aus 29 wird die Quersumme 11 gebildet.

Hier ein paar Beispiele: Wenn jemand an einem 6. gleich welchen Monats geboren wurde, dann ist seine Geburtstagszahl 6. Wer am 16. eines Monats geboren ist, hat die Geburtstagszahl 7, da $1 + 6 = 7$. Entsprechend hat jemand, der an einem 28. geboren wurde, die Geburtstagszahl 1, da $2 + 8 = 10$ und $1 + 0 = 1$.

## Die Bedeutung der Zahlen

Jetzt, da du weißt, wie man die vier wichtigsten Zahlen in der Numerologie bestimmt, wird es Zeit herauszufinden, was sie bedeuten. Jede Zahl hat eine Bedeutung, die die Stärken und Schwächen des jeweiligen Menschen enthüllt.

### Eins
Stichworte: Unabhängigkeit und Leistung
Menschen, die unter ihren vier Hauptzahlen eine Eins haben, sind innovative, unternehmerische Pioniergeister. Sie verfügen über einen wachen Verstand und Führungsqualitäten. Dies bedeutet, dass sie auf ihrem Gebiet meist in Spitzenpositionen aufsteigen. Einsen haben außerdem ausgeprägte eigene Bedürfnisse, die erfüllt werden müssen.

Einigen Einsen fällt es schwer, auf eigenen Füßen zu stehen und selbstständig zu werden. Sie machen sich von anderen abhängig und werden oft übervorteilt.

## Zwei

Stichworte: Kooperation und Anpassungsfähigkeit
Menschen, die unter ihren Hauptzahlen eine Zwei haben, schaffen es, dass man sich in ihrer Nähe wohlfühlt. Sie sind liebenswürdig, charmant und schließen leicht Freundschaft. Sie sind diplomatisch, taktvoll und intuitiv begabt. Weil Zweien auf Status und Wohlstand nicht allzu viel geben, stehen sie oft „an zweiter Stelle" und sind nicht die „Nummer eins".

Gelegentlich versucht aber auch jemand mit einer Hauptzahl zwei in seinem numerologischen Horoskop, eine Führungsposition zu erringen. Doch selbst wenn es ihm gelingt, wird er sich in dieser Rolle nicht wohl fühlen, geschweige denn glücklich sein.

## Drei

Stichwort: Selbstdarstellung
Menschen mit einer Drei als einer ihrer Hauptzahlen, müssen sich irgendwie ausdrücken, idealerweise kreativ. Dazu gehören Singen, Tanzen, Reden und Schreiben. Sie können ausgezeichnet kommunizieren und sind normalerweise positive Menschen, die den Freuden des Lebens Ausdruck geben.

Einige Dreien sind aber auch oberflächliche Dilettanten. Sie haben kein Ziel vor Augen, was bedeutet, dass sie ihr Leben mit fragwürdigen Aktivitäten verplempern.

## Vier

Stichworte: System und Ordnung

Menschen, die unter ihren Hauptzahlen eine Vier haben, sind geduldig, zuverlässig, vertrauenswürdig, fleißig und gut organisiert. Sie arbeiten gerne an der Entwicklung fester Abläufe, und es verschafft ihnen Befriedigung, wenn sie sehen, dass ihre fleißige Arbeit Früchte trägt. Sie können gut auf die Details achten und arbeiten gerne an Projekten, die ihnen lohnend erscheinen. Sie haben eine rigide Lebenseinstellung, und es fällt ihnen schwer, eine einmal gefasste Meinung zu ändern. Vieren wird daher oft Sturheit vorgeworfen.

Manche Vieren haben eine Abneigung dagegen, dass man fleißig arbeiten muss. Sie werden faul und leben auf Kosten der Allgemeinheit.

## Fünf

Stichworte: Freiheit und Abwechslung

Menschen mit einer Fünf unter ihren Hauptzahlen sind begeisterungsfähig, neugierig und wandlungsfähig. Sie lieben Reisen, Aufregung und Neues. Sie sind schnelle Denker, die unruhig und ungeduldig werden, sobald sie sich in irgendeiner Weise eingeschränkt fühlen. Sie bleiben immer jung im Herzen.

Manche Fünfen übertreiben es verschiedentlich und können kaum längere Zeit bei einer Sache bleiben.

## Sechs

Stichwort: Verantwortung für Heim und Familie

Menschen mit einer Sechs als einer ihrer Hauptzahlen sind fürsorglich, warmherzig und verantwortungsbewusst. Sie helfen gerne und bieten anderen oft eine Schulter zum Anlehnen. Sie sind das Familienmitglied, an das sich alle wenden, wenn etwas schiefläuft. Sechsen sind mitfühlend, freundlich und liebevoll. Daher genießen sie gute Beziehungen zu Familie und Freunden.

Nur selten kommt es vor, dass jemand seine Sechs in negativer Weise umsetzt. Einige jedoch übernehmen für alle anderen die Verantwortung und sind am Ende mit den Problemen und Schwierigkeiten überfordert.

## Sieben

Stichworte: Analyse, Verständnis und Weisheit

Menschen mit einer Sieben unter ihren Hauptzahlen suchen Antworten auf die großen Lebensfragen. Sie genießen es, Zeit für sich zu haben, um an Wissen und Weisheit zu wachsen. Sie tun alles auf ihre ureigene Art und Weise. Dies verleiht ihnen Originalität, macht es ihnen aber auch schwer, sich an eine Gruppe anzupassen und darin wohlzufühlen. Siebenen haben in aller Regel lieber ein oder zwei gute Freunde, statt viele Bekannte. Sie sind zurückhaltend, introspektiv und vorsichtig. Siebenen sind spirituelle Menschen; sie entwickeln eine Lebensphilosophie, die mit ihnen wächst und reift.

Einigen Siebenen ist es unmöglich, anderen Menschen nahe zu kommen; ihr Blick richtet sich zunehmend nach innen, und sie werden immer exzentrischer.

## Acht

Stichwort: Materielle Freiheit

Menschen mit einer Acht als einer ihrer Hauptzahlen beteiligen sich gerne an großen Unternehmungen und möchten die Früchte ihres Erfolgs ernten. Sie sind ehrgeizig und freuen sich über erreichte Ziele. Sie verfügen über gute Menschenkenntnis und beträchtliche Führungsqualitäten. Sie achten aufs Geld, doch wenn ihre finanziellen Bedürfnisse erfüllt sind, können sie großzügig sein. Achten sind zwar rigide und stur, nehmen sich selbst aber nur selten so wahr.

Menschen, die ihre Acht negativ umsetzen, können es zu großem Wohlstand bringen, allerdings auf Kosten von Gesundheit, Glück und persönlichen Beziehungen.

## Neun

Stichwort: Humanität

Alle, die eine Neun unter ihren Hauptzahlen haben, sind die geborenen Menschenfreunde. Neunen sind empfindsam, fürsorglich und helfen gerne anderen. Häufig geben sie sehr viel mehr, als sie im Gegenzug bekommen. Daher werden sie zuweilen ausgenutzt. Neunen sind im Innersten Romantiker und tief verletzt, wenn ihre Liebe nicht erwidert wird. Die humanitären Ideale der Neunen sind universell, und sie verspüren das Bedürfnis, der ganzen Menschheit zu helfen.

Viele Menschen setzen ihre Neun negativ um. Sie hassen ihre dauernde Selbstlosigkeit und wollen auch nicht immer nur geben. Einige versuchen stattdessen, einmal zu nehmen, und stellen fest, dass es ihnen keine Befriedigung schenkt, weil es ihrer wahren Natur zuwiderläuft.

## Elf

Stichwort: Idealismus

Menschen mit einer Elf als einer ihrer Hauptzahlen sind idealistisch, intuitiv und fürsorglich. Sie entwickeln einzigartige Ideen, die jedoch sorgfältig geprüft werden müssen, da sie nicht immer praktikabel sind. Elfen sind Träumer und Visionäre. Allerdings fällt es ihnen oft schwer, ihre Träume in die Realität umzusetzen. Mit der Zahl Elf ist immer eine gewisse nervöse Anspannung verbunden.

Weil die Elf eine Meister-Schwingung und schwierig zu handhaben ist, werden viele Elfen unpraktische Träumer, denen nur wenig gelingt. In ihrer Welt lassen sich Fantasie und Realität kaum voneinander trennen.

**Zweiundzwanzig**

Stichwort: Baumeister

Menschen mit einer Zweiundzwanzig unter ihren Hauptzahlen können alles erreichen, was sie sich vornehmen. Elfen sind häufig Träumer. Auch die Zweiundzwanzig ist ein Träumer, verfügt aber über die Fähigkeit, Träume in die Realität umzusetzen. Die Zweiundzwanzig ist eine praktische, fleißige, konstruktive Denkerin. Oft sind diese Menschen charismatisch und unorthodox. Sie können andere motivieren und inspirieren. Sie haben die Vision einer vollkommenen Welt und arbeiten gerne für das Wohl der gesamten Menschheit.

Einige Menschen mit der Zweiundzwanzig sind egoistisch. Sie setzen ihre beträchtlichen Fähigkeiten zum eigenen Vorteil ein und übergehen dabei die Bedürfnisse anderer. Selbst wenn sie sich dessen bewusst sind, fällt es ihnen schwer, ihre Fähigkeiten in einem positiveren Sinne einzusetzen.

## Dein Totemtier mithilfe deiner vier Hauptzahlen finden

Sehr wahrscheinlich hat dein Totemtier mit dir mindestens eine deiner vier Hauptzahlen gemein. Um dies herauszufinden, konvertierst du den Namen des Tieres in Ziffern und vergleichst diese dann mit deinen persönlichen Zahlen. Bei einem Löwen stellt sich dies zum Beispiel folgendermaßen dar:

```
L Ö W E     L I O N
3 2 5 5     3 9 6 5
```

Durch Bilden der Quersumme und deren Reduktion auf eine Ziffer erkennen wir, dass der Löwe die Ausdruckszahl 6 hat, da 3 + 2 + 5 + 5 = 15 und 1 + 5 = 6.

Außerdem hat der Löwe die Herzenswunschzahl 7, da 2 + 5 = 7.

Wenn du also unter deinen Hauptzahlen eine Sechs oder Sieben hast, ist der Löwe in der engeren Auswahl als dein Totemtier.

Im Folgenden ein Beispiel. (Um der Anschaulichkeit willen wird das ausführliche Beispiel hier mit den englischen Begriffen wiedergegeben. Das Prinzip gilt aber natürlich genauso für deutsche Tiernamen; deshalb werden diese Zahlen ebenfalls genannt). LION hat die Ausdruckszahl 5, da 3 + 9 + 6 + 5 = 23 und 2 + 3 = 5. Außerdem die Herzenswunschzahl 6, da 9 + 6 = 15 und 1 + 5 = 6. (Anm. d. Übers.). Nehmen wir an, Jane Diana Smith wurde am 14. Juni 1983 geboren. Zunächst ermitteln wir ihre Hauptzahlen:

```
        14
+        6
+     1983
     ──────
=     2003
```

Da 2 + 3 = 5, hat Jane die Lebenswegzahl 5.

```
J A N E     D I A N A     S M I T H
1 1 5 5     4 91 5 1      1 4 9 2 8
  1 2         2 0           2 4
   3           2             6
```

Jane hat die Ausdruckszahl 11, da 3 + 2 + 6 = 11.

Jane hat die Herzenswunschzahl 8, da sich die Vokale in ihrem Namen zur Zahl 26 aufaddieren, deren Quersumme wiederum 8 ergibt (1 + 5 + 9 + 1 + 1 + 9 = 26 und 2 + 6 = 8).

Janes vier Hauptzahlen lauten also:

| | |
|---|---|
| Lebensweg: | 5 |
| Ausdruck: | 11 |
| Herzenswunsch: | 8 |
| Geburtstag: | 5 |

Die Zahl Fünf tritt in Janes vier Hauptzahlen gleich zweimal auf. Es kommt relativ häufig vor, dass jemand zwei gleiche Hauptzahlen hat, was dieser Zahl zusätzliche Kraft verleiht. Dass drei Zahlen gleichlautend sind, ist schon ungewöhnlicher. Möglich, aber sehr selten ist es, dass dieselbe Zahl viermal vertreten ist.

Das beste Totemtier für Jane hat die Ausdrucks- oder Herzenswunschzahl 5, weil diese unter ihren Zahlen doppelt vorkommt. Sie kann auch ein Totemtier wählen, das eine Elf oder eine Acht aufweist.

Wenn du in deiner Zahlenstruktur vier verschiedene Ziffern hast, dann macht dein Lebensweg vierzig Prozent aus, dein Ausdruck dreißig Prozent, dein Herzenswunsch zwanzig und dein Geburtstag zehn Prozent. Deshalb ist dir am besten mit einem Tier gedient, das deine Lebenswegzahl als Ausdrucks- oder Herzenswunschzahl

hat. Die einzige Ausnahme stellt deine Herzenswunschzahl dar.
Die bestmögliche Kombination aus Mensch und Totemtier ist dann
gegeben, wenn beide dieselbe Herzenswunschzahl haben.

Im Folgenden einige mögliche Totemtiere für Jane:

| | |
|---|---|
| Schlange/Snake | Ausdruckszahl 6/5 |
| Bär/Bear | Ausdruckszahl 8/8 |
| Hund/Dog | Ausdruckszahl 2/8 |
| Albatros/Albatross | Ausdruckszahl 7/8 und Herzenswunschzahl 8/8 |
| Stier/Bull | Ausdruckszahl 8/11 |
| Alligator/Alligator | Herzenswunschzahl 8/8 |
| Krokodil/Crocodile | Herzenswunschzahl 3/8 |
| Nashorn/Rhinoceros | Herzenswunschzahl 7/8 |
| Schildkröte/Tortoise | Herzenswunschzahl 7/8 |
| Biber/Beaver | Herzenswunschzahl 5/8 |
| Adler/Eagle | Herzenswunschzahl 6/11 |
| Löwe/Lion | Herzenswunschzahl 7/11 |
| Pferd/Horse | Ausdruckszahl 6/11 und Herzenswunschzahl 5/11 |
| Jaguar/Jaguar | Herzenswunschzahl 11/11 |

| Wiesel/Weasel | Herzenswunschzahl 1/11 |
| Henne/Hen | Herzenswunschzahl 1/5 |
| Elch/Elk | Herzenswunschzahl 5/5 |

Dies ist nur eine kleine Auswahl der vielen möglichen Totemtiere, unter denen Jane wählen kann. Ihr persönliches Totem ermittelt sie aber am besten, indem sie alle Tiere aufschreibt, die sie ansprechen, und danach bei jedem Tier dessen Ausdrucks- und Herzenswunschzahl errechnet. Anschließend entscheidet sie sich unter den passenden für das Tier, zu dem sie den stärksten Bezug hat.

In der oben dargestellten Liste haben etliche Tiere dieselbe Herzenswunschzahl wie Jane. Diese sollte sie sich ganz genau ansehen und nachspüren, ob sie zu einem von ihnen eine besonders innige Verbindung hat. Allerdings ist eine gemeinsame Herzenswunschzahl nicht alles, und Jane könnte sich durchaus eher für ein Pferd als ihr Totemtier entscheiden. In diesem Fall passt ihre Herzenswunschzahl 11 sehr gut zur Ausdrucks- und Herzenswunschzahl des Pferdes (engl. *horse*, beide Zahlen 11), was es für sie zu einer guten Wahl macht.

Manchmal fällt es Menschen schwer, sich für ein einziges Tier aus der Liste zu entscheiden, und sie kommen zu dem Schluss, dass sie mehrere Totems haben müssen. Allerdings hat jeder Mensch nur *ein* Totemtier. Die anderen sind tierische Beschützer. Sie sind bereit, dir zu helfen, agieren aber eher als Führer denn als Totemtiere. Wenn es dir schwerfällt, dich auf ein Totemtier zu beschränken, dann lasse dir so viel Zeit, wie du benötigst, um nach und nach herauszufinden, welches dein Totemtier ist.

## Dein Totemtier kann sich ändern

Es ist durchaus möglich, dass dein Totemtier wechselt, denn darin spiegelt sich, was in deinem Leben zu einem bestimmten Zeitpunkt vor sich geht. Es kann sein, dass im Laufe der Zeit eine ganze Reihe von Tieren kommt und geht. Möglicherweise hast du aber auch ein Totemtier, das immer bei dir bleibt, egal was geschieht. Nicht minder wahrscheinlich ist allerdings, dass du zu verschiedenen Zeiten unterschiedliche Tiere hast.

Sobald du dein Totemtier entdeckt hast, kannst du gedanklich mit ihm kommunizieren. Am Anfang kommst du dir dabei vielleicht seltsam vor. Doch mit der Zeit wirst du feststellen, dass die Antworten, die du – ebenfalls in Gedanken – erhältst, nicht von dir, sondern von deinem Totemtier stammen. Sie sollten sich als nützlich und hilfreich erweisen.

Dein Tiertotem schenkt dir eine enge Verbindung zur Natur. Wenn du eine verwandtschaftliche Beziehung zu deinem Geisttier aufbaust, zahlt sich das für dich und auch für die ganze Welt aus. Wenn du dein Geisttier erst einmal entdeckt hast und anfängst, mit ihm zu arbeiten, hast du auch die Pflicht, so viel über das Tier deiner Wahl herauszufinden, wie du nur kannst. Wenn möglich, beobachte dein Tier. Vielleicht musst du dazu in den Zoo gehen; sei dir in diesem Falle bewusst, dass du dein Tier in einer künstlichen Umgebung beobachtest. Daher verhält es sich möglicherweise nicht so wie in seinem natürlichen Lebensraum.

Wenn du dein Totemtier in freier Wildbahn beobachtest, dann achte auf deine Sicherheit. Lies Bücher über den mit deinem Tier verbundenen Volksglauben. Studiere seine Zoologie. Bitte seinen Geist, dass er dir dabei hilft, zu lernen und zu verstehen, was nur du kannst. Nimm dir Zeit zur Meditation und lasse zu, dass du mit deinem Tiergeist eins wirst. Dies sorgt dafür, dass du dein Geisttier nicht vermenschlichst. Es ist ein Tier und kein verkleideter Mensch. Manche Menschen wissen instinktiv, wer ihr Geisttier ist. Andere müssen es durch Träume und andere Übungen herausfinden. Wieder andere entdecken es durch Zufall.

Nach dem Suizid von Albert Fleites, dem besten Freund des Schriftstellers Joel Rothschild, bemerkte Joel, dass immer wieder Kolibris um ihn herumschwirrten.[4] Er verstand diese Kolibris als Zeichen von Albert, dass der Tod nicht das Ende ist, dass sein Freund aus dem Jenseits Kontakt zu ihm aufnahm. Dies ist durchaus möglich, aber ebenso gut könnte der Kolibri Joels Geisttier sein, das zu seinem Trost und seiner Unterstützung da war.

Im nächsten Kapitel befassen wir uns mit dem Gestaltwandel, also der Kunst, dich in dein Tier zu verwandeln.

**Kapitel Fünf**

• • • • • • • • • • • • • • • • • • • • • •

# Gestaltwandel

Gestaltwandel ist die Fähigkeit, sich von der menschlichen in eine tierische Gestalt zu verwandeln. Schamanen können sich seit Urzeiten in Trance begeben und auf diese Weise verändern. Die Trance wird durch Chanten, Trommeln, Tanzen, schnelles Atmen und Schlafentzug herbeigeführt. In manchen Fällen, insbesondere im Amazonasbecken, werden psychoaktive Drogen verwendet, um in den erwünschten Zustand zu gelangen. Oft kleiden sich Schamanen in Tierfelle, Federn oder Geweihe, um den Prozess zu fördern. In den Balzi-Rossi-Höhlen in Nordwestitalien fand man Figurinen, die Gestaltwandler in Aktion darstellen. Ihr Alter wird auf fünfundzwanzigtausend Jahre geschätzt.[1]

Der römische Schriftsteller und Satiriker Apuleius (2. Jahrhundert u.Z.) wurde beschuldigt, sich mithilfe von Zauberei die Gunst einer wohlhabenden Witwe erschlichen zu haben, die er dann auch heiratete. In seinen *Metamorphosen*, besser bekannt unter ihrem heute geläufigen Titel *Der goldene Esel*, findet sich ein fiktionaler Bericht über eine Hexe, die sich in eine Krähe verwandelt. Sie zündet Räucherwerk an, spricht einen Zauberspruch und reibt ihren Körper mit einem Öl ein; daraufhin wachsen ihr Flügel und ein Schnabel. Sodann stößt die Hexe eine Reihe krähenartiger Schreie aus und fliegt zum Fenster hinaus. Ein Zeuge, der diesen Vorfall beobachtet hat, versucht es ihr nachzumachen, verwendet aber das falsche Öl und verwandelt sich in einen Esel.

In Europa glaubte man, Hexen könnten sich in ihren „Schutzgeist" verwandeln, ein Tier, das der Hexe hilft und sie beschützt. Üblicherweise handelte es sich dabei um Kröten, Hasen, Elstern, Raben, Katzen, Hunde, Füchse oder Ziegen. 1627 schrieb Richard Bernard in seinem *Guide to Grand Jurymen*: „Hexen haben gewöhnlich einen Schutzgeist in Gestalt eines Mannes oder einer Frau, eines Jungen, eines Hundes, einer Katze, eines Vogels, eines Hasen, einer Ratte, Kröte usw. Diesen Geistern geben sie Namen."

1673 behauptete die Hexe Ann Armstrong, Ann Baites, ebenfalls eine Hexe, „befand sich mehrere Male in Gestalt einer Katze und einer Häsin, in Gestalt eines Windhunds und einer Biene und zeigte so dem Teufel, in wie viele Gestalten sie sich verwandeln konnte. Sie [die Hexen] standen alle auf einem kahlen Flecken Erde und hießen die Informantin singen, während sie in verschiedener Gestalt tanzten, zuerst als Hasen, dann in ihrer eigenen Gestalt, dann als Katze, manchmal als Maus und in mehrerer anderer Gestalt. Sie sah all die genannten, zuvor erwähnten Personen tanzen, einige in Gestalt von Hasen, andere in Gestalt von Katzen, wieder andere in Gestalt von Bienen und etliche in eigener Gestalt."[2]

Die kanadischen Inuit glauben, dass Menschen und Tiere früher zusammengelebt haben und sich ungehindert ineinander verwandeln konnten.

In Guatemala und Honduras hatten die Ureinwohner ein Totemtier, das als *Nagual* bezeichnet wurde. Einem spanischen Schriftsteller aus dem 16. Jahrhundert zufolge konnten die Menschen die Gestalt ihres Nagual-Tieres annehmen. Wurden sie in Tiergestalt verletzt, so erschien dieselbe Wunde ebenso an ihrem menschlichen Körper. Wurde das Nagual getötet, starb auch der Mensch, der des-

sen Gestalt angenommen hatte. Nagual-Tiere waren üblicherweise
Hirsche, Hunde, Adler, Löwen und Tiger. Einer bekannten Legende
zufolge waren die Naguals der Häuptlinge in den ersten Schlachten
gegen die Spanier Schlangen. Das Nagual des obersten Häuptlings
war ein riesiger grüner Vogel. Der spanische General Pedro de Al-
varado erlegte diesen Vogel mit seiner Lanze. Wie der Vogel, starb
auch der Häuptling.[3]

Auch in der keltischen Überlieferung ist häufig von Gestaltwandel die Rede. Der Mythos berichtet, als die Kelten nach Irland kamen, habe der Druide und Dichter Amairgen ein Gedicht gesprochen, das von seinen Gestaltwandel-Erfahrungen erzählt:

*Ich bin der Wind, der übers Meer bläst;*

*Ich bin eine Welle im Ozean;*

*Ich bin das Raunen der Wellen;*

*Ich bin der Stier der Sieben Schlachten;*

*Ich bin der Habicht an der Klippe;*

*Ich bin ein Sonnenstrahl;*

*Ich bin die schönste der Pflanzen;*

*Ich bin ein wilder Eber an Tapferkeit;*

*Ich bin ein Lachs im Wasser;*

*Ich bin ein See in der Ebene;*

*Ich bin die Kunst des Handwerkers;*

*Ich bin ein Wort der Wissenschaft;*

*Ich bin die Speerspitze, die die Schlacht beginnt;*

*Ich bin der Gott, der im Kopf des Menschen das Feuer des Denkens entfacht.*

*Wer ist es, der die Versammlung auf dem Berg erleuchtet, wenn nicht ich?*

*Wer kündet die Zeitalter des Mondes, wenn nicht ich?*

*Wer zeigt den Ort, an dem die Sonne sich zur Ruhe bettet, wenn nicht ich?*[4]

Um Taliesin, den größten walisischen Barden, ranken sich viele Legenden. Die folgende Geschichte trug sich zu, bevor er als Taliesin geboren wurde. Die böse Hexe Ceridwen hatte einen hässlichen Sohn. Sie beschloss, ihrem Sohn als Ausgleich für seine unglückliche Erscheinung die Gabe der Weissagung zu verleihen. Sie bereitete die notwendigen Ingredienzien vor und erhitzte sie in einem dampfenden Kessel. Ein kleiner Junge namens Gwion rührte das Gebräu um.

Als die Mischung zu kochen begann, spritzten drei Tropfen kostbaren Wissens aus dem Kessel, und Gwion schluckte sie. Unmittelbar danach zersprang der Kessel, und Gwion, der wohl wusste, dass die Hexe ihn umbringen würde, lief davon. Er verwandelte sich in eine Forelle und sprang in einen Fluss, doch Ceridwen verwandelte sich in einen Otter und jagte ihm nach. Gwion verwandelte sich in einen Hasen, aber Ceridwen wurde zum Windhund und setzte ihre Verfolgungsjagd fort. Gwion wurde ein Sperling, doch Ceridwen verwandelte sich in einen Habicht. Schließlich verwandelte sich Gwion in ein Weizenkorn. Ceridwen verwandelte sich in eine schwarze Henne und pickte das Korn auf.

Neun Monate später gebar Ceridwen einen wunderschönen kleinen Jungen. Ceridwen wusste, dass der Junge Taliesin war, doch aufgrund seiner großen Schönheit brachte sie es nicht über sich, ihn zu töten. Stattdessen legte sie ihn in eine schwarze Tasche und übergab diese einem Fluss. Ein Prinz fand das Kind und erkannte, dass der Junge etwas Besonderes war. Das war er in der Tat, denn er wuchs heran und wurde Taliesin, der größte Barde in ganz Wales.

In einer der Geschichten aus dem uralten irischen Epos *Der Rinderraub von Cooley* verwandeln sich zwei Schweinehirten in Stiere, Raben, Hirsche, Krieger, Wasserungeheuer, Dämonen und sogar

Wasserwürmer. Im selben Epos tritt die Kriegsgöttin Morrigan als Gegenspielerin des irischen Sagenhelden Cúchulain auf. In Gestalt einer schönen jungen Frau versucht sie, ihn dazu zu bringen, dass er sich in sie verliebt, jedoch erfolglos. Darüber gerät sie außer sich und kündigt an, in der nächsten Schlacht werde sie seine Gegnerin sein. Sie verwandelt sich in einen Aal, der ihn zu Fall bringt, als er einen Bach durchquert. Dann wird sie zu einem Wolf, der Rinder in wilder Jagd über den Fluss treibt, und schließlich wird sie zu der Leitkuh, die die panische Flucht der Rinder anführt. Jedes Mal schlägt Cúchulain ihr eine Wunde. Als die Schlacht vorüber ist, erscheint Morrigan in Gestalt einer alten Frau, die eine Kuh melkt. Sie hat Wunden an den verschiedenen Stellen, an denen Cúchulain ihr in Tiergestalt Verletzungen zugefügt hat. Dreimal bietet sie Cúchulain Milch zu trinken an. Jedes Mal segnet Cúchulain sie, und nach dem dritten Segen sind alle Wunden geheilt.

Die alte europäische Legende von der schönen jungen Melusine existiert in vielen Versionen. Einer Version zufolge willigt sie ein, einen jungen Edelmann namens Raymond zu heiraten, allerdings unter der Bedingung, dass er ihr nie beim Bad zusieht. Die Ehe ist glücklich, und ihnen werden Drillinge geboren. Eines Tages kann Raymond nicht mehr an sich halten und beobachtet Melusine beim Baden. Zu seinem Erstaunen entdeckt er, dass seine wunderschöne Frau sich in eine Wasserschlange mit schuppigen Flügeln und einem langen Schwanz verwandelt hat. Melusine spürt die Gegenwart ihres Mannes, schreit auf und fliegt davon. Sie kehrt nie wieder zurück, doch die Kinderfrauen berichten Raymond, dass jede Nacht eine geisterhafte Gestalt mit einem Schlangenschwanz nach den Kindern sieht.

Andere Versionen dieser Geschichte erzählen, sie habe sich in eine Meerjungfrau oder einen Wassergeist verwandelt oder sei halb Frau, halb Schlange geworden. In manchen Berichten hat sie keine

Flügel, aber zwei Schwanzflossen. Immer jedoch geht es um eine Form des Gestaltwandels.


## Tier-Besessenheit

Mit dem Begriff *Lykanthropie* wird die Verwandlung eines Menschen in einen Wolf bezeichnet. Der Glaube, dass ein Mensch sich unter besonderen Umständen in ein Tier verwandeln kann, ist uralt. So stammt die Geschichte, wonach Zeus über Lykaon, der bei einem Festmahl Menschenfleisch gereicht hatte, so sehr erzürnt war, dass er ihn in einen Wolf verwandelte, bereits aus altgriechischer Zeit. Auch die römischen Dichter Virgil, Ovid, Plinius und Herodot haben über Menschen geschrieben, die in Tiere verwandelt wurden. Norwegische und isländische Sagen erzählen ebenfalls davon, dass Männer sich in Tiere verwandelten, manchmal sogar einfach dadurch, dass sie die entsprechende Tierhaut anlegten.

Die Verwandlung vom Menschen zum Tier war aber immer schon ein seltenes Phänomen, weshalb ein Artikel in der Oktober-Ausgabe 1918 des *Cornhill Magazine* auf riesiges Interesse stieß und im Juli 1919 im *Journal of the Society for Psychical Research* nachgedruckt wurde. Der Artikel „The Hyenas of Pirra" von Richard Bagot beschäftigt sich mit der Ermordung nigerianischer Ureinwohner zu einem Zeitpunkt, als diese die Gestalt von Hyänen angenommen hatten. Die Geschichte beginnt damit, dass Hyänen, die bei ihren Angriffen durch Schussfallen verletzt worden waren, bis zu einer bestimmten Stelle verfolgt werden konnten. Dort brachen die Spuren abrupt ab, und an ihre Stelle traten menschliche Fußabdrücke. Nach jedem Schuss starb ein Mann im Dorf, doch den Europäern wurde der Zugang zum Leichnam stets verwehrt.

Ein Offizier, ein gewisser Captain Shott, berichtete von einem erstaunlichen Zwischenfall, bei dem die Spurensuche unmittelbar nach einem Schuss auf eine Hyäne aufgenommen wurde. In einer Lichtung fanden die Männer neben einer Blutlache den Kiefer einer Hyäne. Als die Pfotenabdrücke einen Pfad erreichten, der zum Dorf führte, verloren sie jedoch die Spur. Am nächsten Tag kamen Ureinwohner zu Captain Shott und berichteten ihm, er habe einen Dorfältesten namens Nefada getroffen und ihm den Kiefer weggeschossen. Die Dorfbewohner hatten, kurz bevor er in den Wald gegangen war, noch mit Nefada gesprochen, und nachdem sie einen Gewehrschuss gehört hatten, sahen sie, wie er mit vermummtem Gesicht und erkennbar angeschlagen zurückkehrte.

Für diesen seltsamen Vorfall wurden gleich mehrere Erklärungsmodelle vorgeschlagen. Richard Bagot, der Verfasser des Artikels, glaubte, die Metamorphose sei an einer Stelle ausgelöst worden, an der kleine schwarze Ameisen den Waldboden etwas aufgehäufelt hatten. Italienische Staatsbeamte und Großwildjäger hatten ihm erzählt, dass es bei den Ureinwohnern von Somaliland und Abessinien als extrem gefährlich galt, auf Erde zu schlafen, die von Ameisen aufgeworfen worden war. Für sie war der Schlafende damit der Gefahr der Besessenheit durch ein wildes Tier ausgesetzt. War dies erst einmal geschehen, konnte der Mensch ihm nie mehr ganz entkommen, sondern musste sich immer wieder vorübergehend in dieses Tier verwandeln.[5]

Eugène de Rochas, einer der ersten Hypnose-Forscher, entdeckte, dass er den Astralkörper einer Hypnose-Klientin dazu bringen konnte, die Gestalt ihrer Mutter anzunehmen. Wenn Astralkörper ihre Gestalt in dieser Form wandeln können, dann können sie sich vermutlich auch in ein Tier verwandeln. In diesem Fall wären sie natürlich ein Phantomtier, und es müsste erst noch erforscht werden, ob ein Phantom verwundbar sowie diese Wunde auf den menschlichen Körper übertragbar sei.

1933 nahm der walisische Arzt Dr. Gerald Kirkland, der als Amtsarzt in Südrhodesien tätig war, an einer Zeremonie teil, in der er „beinahe schwören könnte, dass zwei Eingeborene sich in Schakale verwandelt hatten."[6] Diese Verwandlung gelang den Ureinwohnern nach dem Genuss von verdorbenem Fleisch und großen Mengen Alkohol.

In Afrika gibt es zahlreiche Berichte über Männer, die sich in Löwen und Tiger verwandeln konnten, um so ihre Feinde anzugreifen und zu töten. Von den Anioto hieß es, sie holten junge Mädchen nachts aus ihren Hütten und zerfleischten ihnen den Rücken mit leopardenkrallenförmigen Messern. Danach durchstießen sie ihnen mit einem Messer in Form eines Dreizacks das Herz und äßen die Leichen auf.[7]

In Westafrika bezeichnete man Menschen, die sich vorübergehend in Leoparden verwandeln oder möglicherweise kurzfristig sogar die Seele mit ihnen tauschen konnten, als Leoparden-Menschen.[8]

Das Volk der Naga, die im Hügelland zwischen Assam und Myanmar (dem früheren Burma) leben, glaubt, dass sie ihre Seele unabsichtlich in einen Löwen oder Tiger projizieren, dabei aber ihre eigene körperliche Gestalt wahren können. Erleidet das Tier eine Verletzung, tritt dieselbe Verletzung auch beim Menschen auf. Die Naga glauben, dass sie eine externe Seele besitzen, die sich im Traum frei bewegen und von bösen Geistern eingefangen werden kann. Ein vorübergehender Verlust der Seele ist unbedeutend, doch wenn sie ins Land der Toten reist, stirbt der Mensch.

Die verschiedenen Naga-Gemeinschaften haben bei diesem Thema leicht unterschiedliche Auffassungen. Die Lhota-Naga glauben, dass jeder Medizinmann ein Leoparden- oder Tiger-Mensch ist, das Tier jedoch nicht die Seele des Medizinmannes erhält. Die Sema-Naga glauben, dass jeder Mann ein Leoparden-Mensch werden

kann. Wünschenswert ist das allerdings nicht, denn durch das Trei-
ben des Leoparden ist der Mann regelmäßig erschöpft. Außerdem
wird der Leoparden-Mann beschimpft, wenn der Leopard ein Tier
tötet, das einem anderen gehört. Normalerweise verlässt die Seele
den Mann im Schlaf und kehrt noch vor dem Aufwachen zurück.
Manchmal verweilt sie jedoch zwei oder drei Tage lang in dem Leoparden. Der Mann geht dann seiner normalen Tätigkeit nach, ist
jedoch lethargisch und geistesabwesend.

Der britische Beamte J. H. Hutton (1885-1968) begann sich für
das Thema Leoparden-Menschen zu interessieren, als er in leiten-
der Funktion in Mokochung tätig war, einer Stadt in Naga-Gebiet,
weit im Nordosten Indiens. Eines Tages sprachen die Dorfältesten
bei ihm vor und baten um die Erlaubnis, einen bestimmten Mann
zu fesseln, während sie Jagd auf einen Leoparden machten, der ihnen viel Ärger bereitete. Der Mann bat inständig, nicht gefesselt zu
werden. Er könne nichts dafür, dass er ein Leoparden-Mensch sei.
Er habe diese Entscheidung nicht aus eigenem Willen getroffen,
und er wollte es nicht sein. Er gab allerdings zu, dass seine leo-
pardische Seite töten musste, um etwas zu fressen zu haben. Wenn
sie nicht fräße, stürben beide. Wenn er gefesselt und der Leopard
getötet würde, müsste auch er sterben, und schlussendlich sei dies
ja wohl ein Mord.

Nach längerer Diskussion erteilte Hutton die Erlaubnis, den
Mann zu fesseln, sagte aber, wenn der Mann infolge des Todes des
Leoparden ebenfalls stürbe, würde demjenigen, der den Leoparden
mit seinem Speer erlegt habe, wegen Mordes der Prozess gemacht,
und er würde zweifellos gehängt. Als die Dorfältesten dies hörten,
beschlossen sie, den Mann nicht zu fesseln.[9]

In Malaysia glaubte man, Menschen könnten sich unbewusst und
unfreiwillig in ein Tier verwandeln. Zwar konnte auch im Wachzustand eine körperliche Veränderung eintreten, normalerweise je-

doch schlief der Betroffene, wenn seine Seele in ein Tier wanderte. Aus Myanmar und Indonesien wird außerdem berichtet, dass ganze Dörfer in Tiere verwandelt worden sein sollen.[10]

In Indien glaubte man, der Genuss bestimmter Wurzeln könne einen Menschen in einen Tiger verwandeln.[11] In Kambodscha meinten die Leute, diese Wirkung könne eintreten, wenn man eine bestimmte Sorte Wildreis esse.[12] Die kambodschanische Version ist Furcht einflößender, denn man glaubte, dass ein Mann im Körper eines Tigers seinen menschlichen Verstand behalte, sich aber nie mehr in einen Menschen zurückverwandeln könne. Es liegt auf der Hand, dass die Kombination aus dem Verstand eines Menschen und dem Körper eines Tigers einen äußerst gerissenen, schlauen und cleveren Jäger ergab.

Sich in ein Tier verwandeln zu können, ist mit vielen Gefahren verbunden – die in nicht geringem Maße von den eigenen Mitmenschen ausgehen. J. B. H. Thurston berichtete, was einem Handelsvertreter in den 1930er Jahren im heutigen Malaysia widerfuhr. Der Handlungsreisende war gerade zwischen zwei Dörfern unterwegs, als er plötzlich das Brüllen eines Tigers hörte. Natürlich war er entsetzt und lief auf dem Pfad davon, bis er an eine große Tigerfalle kam. Dort sprang er hinein und löste den Türmechanismus aus, so dass die Tür zuschlug. Kurz darauf kam der Tiger und schnupperte um den Käfig herum, konnte jedoch nicht hineingelangen. Schließlich gab er auf und trollte sich.

Der Handlungsreisende aber saß nun in der Falle fest, entweder weil er nicht heraus konnte oder weil er viel zu große Angst hatte, sich zu befreien, denn womöglich war der Tiger ja noch in der Nähe. Am Morgen kam eine große Gruppe schwer bewaffneter Dorfbewohner zu der Falle. Weil der Eingang verschlossen war, glaubten sie, sie hätten einen Tiger gefangen. Der Handlungsreisende schrie, er wolle hinaus, und erzählte ihnen seine Geschichte.

Doch sie glaubten ihm nicht. Sie erkannten ihn aufgrund seiner früheren Besuche in ihrem Dorf, sagten aber, nach seiner Abreise habe jedes Mal ein Tiger einen der Ihren getötet. Außerhalb der Falle waren Tigerspuren, im Inneren jedoch menschliche Fußabdrücke. Offensichtlich war der Handlungsreisende als Tiger in die Falle gelangt, um den Köder zu fressen, hatte sich dann jedoch wieder in einen Menschen verwandelt. Entgegen der verzweifelten Bitten des Handlungsreisenden zerstückelten ihn die Dorfbewohner bei lebendigem Leibe.[13]

In Mayalsia kam eine junge Frau nach ihrer Heirat mit einem Mann namens Haji Ali gerade noch einmal mit dem Schrecken davon. Er schien in jeder Hinsicht der perfekte Ehemann. Eines Morgens jedoch betrat er als Tiger das Haus und verwandelte sich vor den Augen seiner Frau langsam wieder in einen Menschen. Sie kehrte sofort in ihr Elternhaus zurück. Ein paar Wochen später schoss jemand auf einen Tiger und verwundete ihn. Die Tigerspuren führten zu Haji Alis Haus, und darunter fand man eine Blutlache. Haji Ali und seine beiden Söhne aus einer früheren Ehe verließen die Gegend und verschwanden. Später sahen ihn zwei Personen, die ihn gekannt hatten, und berichteten, einer seiner Arme sei verkrüppelt.[14]

In vielen Teilen der Welt glaubt man, wenn jemand von einem Tiger getötet und gefressen werde, kehre er als Wertiger wieder. Zum Glück sind Tiger normalerweise scheu und gehen dem Menschen aus dem Weg. Angriffe kommen jedoch vor, weshalb verschiedene Amulette zur Abwehr von Tigerangriffen entwickelt wurden. Im Sudan zum Beispiel schwingt man ein Zeremonienmesser durch die Luft, um potenziell gefährliche Tiere zu vertreiben. In Malaysia spricht man Zauberformeln, um Tiger fernzuhalten. Dazu kann auf einer zweisaitigen Bambusharfe eine Melodie gespielt werden, damit Tiger, die sich womöglich in der Nähe befinden, schläfrig werden.[15] Auch Amulette in Tigerform und Körperteile von Tigern – etwa Zähne, Krallen oder Hautfetzchen – wurden als Schutz verwendet.

Wie du siehst, ist echter Gestaltwandel ein äußerst seltenes und potenziell gefährliches Phänomen. Ich habe das Thema hier aufgenommen, weil viele Menschen sich im Traum gelegentlich in ein Tier verwandeln. Darin liegt natürlich keinerlei Gefahr, und diese Träume bieten oft wertvolle Erkenntnisse, die auf anderem Wege nicht zu erlangen gewesen wären. Tatsächlich wirken diese Träume oft heilsam. Die heilende Kraft der Tiere ist das Thema des nächsten Kapitels.

**Kapitel Sechs**

● ● ● ● ● ● ● ● ● ● ● ● ● ● ● ● ● ● ● ●

# Die heilende Kraft der Tiere

Meine Mutter verbrachte die letzten drei Jahre ihres Lebens in einem privaten Krankenhaus. Sie hatte einen Hirnstamminfarkt erlitten und nahm zumeist gar nicht wahr, was um sie herum vor sich ging. Doch jeden Tag hatte sie zwei Besucher, die sie enorm aufheiterten. Es waren ein Labradorhund und eine Siamkatze; sie gehörten Menschen, die in der Nähe des Krankenhauses wohnten. Der Hund machte seinen Rundgang üblicherweise am Morgen. Nacheinander stattete er jedem Zimmer einen Besuch ab. Patienten, denen es so gut ging, dass sie sprechen und ihn streicheln konnten, taten dies, aber er blieb genauso lange bei Patienten, die bettlägerig waren oder nicht mehr zu sprechen vermochten. Die Katze kam die Patienten am späten Nachmittag besuchen. Sie war etwas wählerischer und ging zu einigen Patienten, zu anderen jedoch nicht. An manchen Tagen rollte sie sich auf dem Bett eines Patienten zusammen und schlief ein. Doch im Laufe etwa einer Woche war sie bei jedem einmal gewesen.

Alle Patienten freuten sich auf diese Besuche, und einige waren ausgesprochen stolz, wenn die Katze sich ihr Bett zum Schlafplatz wählte. Das Pflegepersonal förderte diese Besuche, weil sie wussten, wie gut sie allen Patienten taten.

Vor zwanzig Jahren, als sich dies ereignete, war es relativ ungewöhnlich, doch heute gibt es viele ausgebildete Therapietiere, die
Pflegeheime und Krankenhäuser besuchen, um den Patienten Gesellschaft zu leisten und therapeutisch auf sie einzuwirken – sowohl
bei Kindern als auch bei Erwachsenen. Außerdem werden Tiere
zur Stärkung des Selbstwertgefühls von Kindern mit besonderen
Bedürfnissen eingesetzt. Es wurden besondere Therapieformen
entwickelt, etwa Reiten für Menschen mit Behinderungen oder
Schwimmen mit Delphinen, um körperlich behinderten oder emotional traumatisierten Kindern zu helfen.

Wer selbst ein Haustier hat, dem ist dies alles keineswegs fremd.
Tiere reduzieren nachweislich Stress, senken den Blutdruck, ge-
währen Freundschaft und Unterstützung, lindern Depressionen und
Einsamkeit und haben viele weitere Vorteile.

Jeder kennt Blindenhunde, mit deren Hilfe Sehbehinderte ein
weitgehend selbstständiges Leben führen können. Nur wenige
aber wissen, dass Blindenhunde schon seit fast zweitausend Jahren
eingesetzt werden. Ein zweitausend Jahre altes Wandgemälde aus
Herculaneum zeigt einen blinden Mann mit einem Hund an einer
Leine, dem eine junge Frau Essen anbietet.[1] Obwohl viele mittelalterliche Holzschnitte blinde Menschen zeigen, die von einem Hund
geführt werden, gibt es doch erst seit dem 18. Jahrhundert Berichte, wonach diese Hunde besonders ausgebildet wurden. 1753 hing
im Pariser Louvre ein Bild von Jean-Baptiste-Siméon Chardin mit
dem Titel *Der Blinde von Quinze-Vingts*. Dieses heute verschollene
Bild zeigte einen Patienten des Krankenhauses Quinze-Vingts, der
von einem Führhund durch die Straßen von Paris geleitet wurde.
Ein Stich von diesem Gemälde ist glücklicherweise erhalten. Das
Krankenhaus wurde zur Versorgung der Blinden errichtet und bil-
dete im Rahmen dieses Auftrags auch Blindenhunde aus.[2]

Tiere tragen darüber hinaus zur Erholung nach schweren traumatischen Erfahrungen wie etwa dem Tod des Partners bei. Eine interessante Studie in Japan ergab, dass Menschen über fünfundsechzig Jahre, die ein Haustier haben, um dreißig Prozent seltener zum Arzt gingen als Gleichaltrige ohne Haustier.[3]

Die heilende Kraft der Tiere ist seit Langem bekannt. Die alten Griechen setzten in ihren Heiltempeln Hunde ein. Florence Nightingale (1820-1910) sprach sich für die Verwendung von Begleittieren aus, damit Menschen ihre Gesundheit wiedererlangen. 1792 begann der englische Philanthrop William Tuke (1732-1822) mit dem Einsatz von Tieren zur Verbesserung des körperlichen und psychischen Wohlbefindens von Geisteskranken. Seit 1867 arbeitet man in Deutschland mit Vögeln, Katzen, Hunden und Pferden zur Unterstützung von Epileptikern.

1975 führten die beiden britischen Wissenschaftler R. A. Mugford und J. G. M'Comisky mit vierundzwanzig Rentnern ein interessantes Experiment durch. Zwölf Personen erhielten einen Vogel im Käfig, die übrigen eine Topfpflanze. Drei Monate später hatten die Probanden, die den Vogel bekommen hatten, eine positivere Lebenseinstellung und eine bessere Haltung gegenüber ihren Mitmenschen als diejenigen, denen man eine Pflanze gegeben hatte. 1980 wurde im Rahmen einer Studie an Menschen mit einer Herzerkrankung festgestellt, dass die Überlebenswahrscheinlichkeit nach einem Jahr bei Haustierbesitzern wesentlich höher war als bei Patienten ohne Haustier.[4]

Wenn du ein Haustier hast, dann weißt du genau, dass es ein wahres Heilmittel und eine große Stütze sein kann. Haustiere hören mitfühlend zu und reagieren auf unsere Körpersprache und unsere Gedanken. Ihre heilende Energie lindert körperliche und seelische Schmerzen. Wenn du dein Haustier streichelst und mit ihm schmust, während du ihm von deinen Sorgen erzählst, steigert dies die wohltuende Wirkung noch. Sobald du Heilung brauchst –

gleichwelcher Art – widme dich deinem Haustier und lasse dir von ihm die Heilung schenken, die du brauchst.

Haustierbesitzer träumen häufig von ihrem Tier. Sehr wahrscheinlich träumt dein Tier auch von dir. Wissenschaftler am Massachusetts Institute of Technology (MIT) haben entdeckt, dass Tiere lange und komplexe Träume haben, die mit ihrem Alltagsleben in Zusammenhang stehen. Matthew Wilson, außerordentlicher Professor für Kognitionswissenschaften am Picower Institute of Learning and Memory des MIT, und der Doktorand Kenway Louie brachten dressierten Ratten bei, auf einer Kreisbahn zu laufen, um danach ein Leckerli zu erhalten. Sowohl beim Laufen als auch im Schlaf wurde die Hirnaktivität der Ratten überwacht. Dabei entdeckten die Wissenschaftler, dass die Gehirne der Ratten in der mit dem Gedächtnis befassten Hirnregion ein einzigartiges Neuronenmuster ausbildeten.

Danach untersuchten sie bei den schlafenden Ratten über vierzig REM-Episoden (Rapid Eye Movement = schnelle Augenbewegungen); denn bei Tieren wie bei Menschen treten die meisten Träume in den REM-Phasen auf. Bei etwa der Hälfte der beobachteten REM-Episoden zeigten die Ratten dieselbe Hirnaktivität wie während des Laufens auf der Kreisbahn. Die Ähnlichkeiten waren sogar so groß, dass die Wissenschaftler exakt bestimmen konnten, an welcher Stelle der Kreisbahn sich die jeweilige Ratte im Traum gerade befand und ob sie lief oder stillstand.[5]

Dein Haustier kann dir sowohl in deinem Schlaf als auch im Wachzustand Heilungsenergie schenken. Selbst wenn du kein Haustier hast, kannst du in deinen Träumen die heilenden Energien aus dem Tierreich nutzen. Denke dazu vor dem Schlafengehen an ein bestimmtes Tier, das für dich Heilung symbolisiert. Es sollte ein Tier sein, in das du dich einfühlen kannst. Visualisiere das Tier so deutlich wie möglich. Sage dir, dass du in der Nacht von dem

Tier, das du dir ausgesucht hast, träumen und dich am Morgen an
diese Träume erinnern wirst. Wenn du ein Haustier hast, entscheidest du dich wahrscheinlich dafür. Wenn du möchtest, kannst du
dir aber auch ein völlig anderes Tier aussuchen. Wenn dein Haustier zum Beispiel ein Goldfisch ist, kannst du stattdessen eine Katze
oder einen Hund nehmen.

Bleibe nach dem Aufwachen am Morgen noch ein, zwei Minuten
ruhig liegen, ohne dich zu bewegen, und warte ab, welche Träume
dir wieder einfallen. Wenn du Glück hast, erinnerst du einen Traum
von dem Tier deiner Wahl. Wahrscheinlich geschieht dies nicht
gleich beim ersten Versuch. Die meisten Menschen müssen ihr Tier
etwa eine Woche lang visualisieren, bevor es ihnen im Traum erscheint. Es ist natürlich möglich, dass dir das Tier in Träumen erschienen ist, an die du dich nicht entsinnen kannst; weil du aber um
ein ganz bestimmtes Tier sowie darum gebeten hast, dass du dich
an den Traum erinnerst, wird ein solcher Traum, wenn er auftritt,
dir auch wahrscheinlich wieder einfallen.

Genau wie Tiere, die du kennst oder visualisieren kannst, kannst
du in deinen Träumen auch heilsame Totemtiere und Tiergeister
erleben. Du kannst sie bitten, dich immer dann, wenn es notwendig ist, in deinen Träumen zu besuchen. Meist werden sie dir aber
schon vor dieser Bitte im Traum erscheinen, weil dein Unbewusstes
bereits genau weiß, was du benötigst.

# Teil 2

**Kapitel Sieben**

● ● ● ● ● ● ● ● ● ● ● ● ● ● ● ● ● ● ● ●

# Lexikon der Traum-Tiere

Die Angaben in diesem Kapitel stammen aus vielen Quellen. Bereits vor über vierzig Jahren habe ich angefangen, Materialien zur Tiersymbolik zu sammeln, und im Laufe der Jahre habe ich dieses Wissen in mehreren Notizbüchern festgehalten. Ich tat dies zu rein privaten Zwecken und hatte ursprünglich nicht vor, dieses Material einmal zu veröffentlichen. Mein Interesse an Tieren, die in Träumen auftauchen, wuchs allerdings, als ich vor etwa zehn Jahren einmal in Hongkong war. Damals faszinierte mich die östliche Tiersymbolik. Außerdem habe ich sehr viel über dieses Thema gelesen und obendrein das Glück, mehrere Freunde zu haben, die mein Interesse daran teilen. Viele Deutungen in diesem Kapitel sind das Ergebnis spätabendlicher Gespräche mit guten Freunden und anderen Menschen, die so freundlich waren, mir von ihren Erlebnissen zu berichten.

Die Beschreibungen und Interpretationen in diesem Buch sollen auslösende Impulse sein, mit deren Hilfe du eigene symbolische Bedeutungen entwickeln kannst. Die Beschreibung eines bestimmten Tieres kann auf einen Menschen verblüffend zutreffend wirken, sich für den anderen aber überhaupt nicht stimmig anfühlen. Das liegt daran, dass wir alle verschieden sind. Außerdem vermitteln Geisttiere uns ihr Wissen und ihre Führung auf unterschiedliche Weise; auch dadurch können unterschiedliche Bedeutungsnuancen entstehen. Es besteht eine tiefe spirituelle Beziehung zwischen dem Menschen, der Natur und den archetypischen Welten. Diese Beschreibungen wollen dir daher Stoff zum Nachdenken und einen Ausgangspunkt bieten, auf dem du deine eigene Symbolkunde aufbauen kannst.

Wenn dasselbe Tier im Laufe der Zeit mehrfach in deinen Träumen auftaucht, könnte es sich um dein Tiertotem handeln. Dies ist insbesondere dann der Fall, wenn das Tier erscheint, um dir bei den richtigen Entscheidungen zu helfen.

Allerdings müssen die Tiere, die dir im Traum begegnen, nicht unbedingt dein Totemtier sein. Freud glaubte, Traum-Tiere symbolisierten oft Autoritätspersonen, unter anderem die Eltern. Außerdem können sie mit primitiven Trieben und Instinkten verbunden sein, die wir im Alltag unterdrücken. Möglich ist außerdem, dass sie nur deshalb in deinem Traum auftauchen, weil du von etwas träumst, wozu Tiere einfach dazugehören. Wenn du zum Beispiel von einem Zoo träumst, dann wäre es verwunderlich, wenn in diesem Traum nicht auch zahlreiche Tiere vorkämen. Falls du als Kind Haustiere hattest, gehören bei dir zu einem Kindheitstraum wahrscheinlich auch Tiere.

Tiere können darüber hinaus Gefühle symbolisieren, denen du im Alltag nicht Ausdruck geben möchtest. Wenn du etwa von einem wütenden Tier träumst, dann ist dies womöglich ein Anzeichen dafür, dass du solche Gefühle im Alltag unterdrückst.

Ein Traum von einem fröhlichen, verspielten Tier hingegen könnte ein Hinweis darauf sein, dass du in deinem Leben verspielter und abenteuerlustiger sein solltest.

Tiere können uns wichtige Informationen über uns selbst geben. Erst kürzlich hat mir ein Freund von einem ungewöhnlich lebhaften Traum erzählt. Seine Frau und er erwarteten demnächst ihr erstes Kind. Bisher war ein schöner Airedale Terrier ihr „Baby" gewesen. Mein Freund träumte, er ginge mit seinem Hund in einem Park spazieren. Er wusste, dass es sein Hund war, auch wenn es sich im Traum um einen hellen Labrador handelte. Der Hund lief voraus, und eine Minute später hörte mein Freund, wie er vor Schmerz aufjaulte. Er lief zu ihm hin und stellte fest, dass der Hund sich die Schulter aufgerissen hatte. Er nahm den Hund tröstend in den Arm, hob ihn schließlich auf und trug ihn nach Hause.

Mein Freund freut sich darauf, Vater zu werden. Der Hund symbolisiert die Liebe, Hingabe und die Beschützergefühle, die er für das kommende Baby empfindet. Der Hund wurde verletzt und musste nach Hause getragen werden. Dies veranschaulicht die mitfühlende, fürsorgliche Art meines Freundes.

Der Hund in diesem Traum ist nicht unbedingt sein Totemtier. Da mein Freund Hunde liebt und im Laufe der Jahre mehrere besessen hat, ist es nicht weiter verwunderlich, dass in seinem Traum ein Hund vorkommt. Dieser Traum wurde durch seine Gefühle als werdender Vater ausgelöst, und der Hund erschien seinem Unbewussten als das passendste Medium, um diese Gefühle auszudrücken.

Du musst also über die Tiere nachdenken, die du im Traum siehst, um festzustellen, ob sie Auswirkung auf dein Leben haben, und wenn ja, welche. Traum-Tiere können für verschiedene Aspekte des Träumers stehen, doch das muss nicht immer so sein. Es ist wichtig, dass du genau darauf achtest, welches Tier oder welche Tiere in deinen Träumen auftauchen und wie du auf sie reagierst. Welche Gefühle lösen sie in dir aus? Dies hat beträchtlichen Einfluss auf die Deutung.

Bevor wir uns die einzelnen Tiere ansehen, wollen wir einen Blick auf andere Möglichkeiten und die mit ihnen verbundene Symbolik werfen.

## Andere Symbolik

### Tier mit Jungem

Wenn du von einem Tier mit seinem Jungen (oder anderem Nachwuchs) träumst, ist dies ein Anzeichen dafür, dass deine fürsorglichen Eigenschaften gefordert sind. Fürsorglichkeit hat viele Gesichter. Es kann Elternverantwortung sein. Vielleicht hilfst du jemanden oder förderst ihn. Eventuell beteiligst du dich an einem gemeinnützigen Projekt oder du machst jemandem Mut, sein ganzes Potenzial zu verwirklichen.

### Tierkinder

Tierkinder im Traum beziehen sich normalerweise auf das Kind, das du einmal warst. Sie sind ein Hinweis darauf, dass du die Vergangenheit loslassen und reifer werden sowie dich voller Selbstvertrauen der Zukunft stellen musst. Eine andere Deutung gilt für schwangere Frauen. Ein Traum von einem Tierkind bezieht sich auf deine Gefühle für das neue Leben, das in dir heranwächst. Er weist auf Gefühle der Liebe und den Wunsch nach Bindung zu deinem ungeborenen Kind hin.

### Haustiere

Wenn in deinem Traum ein Haustier von früher oder heute auftaucht, dann ist dies normalerweise ein Zeichen deiner Liebe und

Zuneigung zu diesem Tier. Wenn du jedoch kein Haustier hast und auch nicht unbedingt eines möchtest, dann zeigt ein Haustier im Traum, dass du oder jemand, der dir nahesteht, emotionale Zuwendung braucht.

## Häusliche Nutztiere

Häusliche Nutztiere in einem Traum zeigen, dass du bestimmte Eigenschaften an dir erkannt hast und sie gut zu nutzen weißt. Möglicherweise gibt das Tier dir soliden, praktischen Rat, den du gut gebrauchen kannst. Häusliche Nutztiere zeigen außerdem, dass du dir das Leben nicht allzu schwer machen solltest. Vielleicht benötigst du eine Auszeit zum Entspannen und Abschalten.

## Landwirtschaftliche Nutztiere

Da landwirtschaftliche Nutztiere weder Haustiere noch Wildtiere sind, symbolisieren sie Eigenschaften, die du besitzt und normalerweise unter Kontrolle hast.

## Wildtiere

Wildtiere sind ein Anzeichen für Gefahr und kommen normalerweise eher in Albträumen vor. Wenn du im Traum ein beliebiges wildes, wütendes Tier siehst, deutet dies darauf hin, dass du vor etwas Angst hast. Du wirst versuchen müssen, die Situation zu bereinigen.

## Ein Tier zähmen

Wenn du im Traum ein Tier zähmst, ist dies ein Anzeichen dafür, dass du dich mit deinen unbewussten Ängsten, Zweifeln und Sorgen auseinandersetzt. Du musst besser für dich sorgen und solltest dich weigern, mehr Aufgaben zu übernehmen, als du gut bewältigen kannst.

## Bedrohliche Tiere

Ein bedrohliches Tier in deinem Traum deutet darauf hin, dass dir ein Mensch oder eine Situation Probleme bereitet. Überdenke die Sache und überlege, wie bedrohlich oder schwierig sie tatsächlich ist. Löse die Situation allmählich und Schritt für Schritt. Lasse dich nicht in irgendwelche Racheaktionen verwickeln.

## Angriff von einem wilden Tier

Wenn du träumst, dass dich ein wildes Tier angreift, dann ist dies ein Hinweis darauf, dass du an Kritiksucht, Eifersucht und Neid leidest. Möglicherweise nimmst du dies auf einer bewussten Ebene gar nicht wahr.

## Angst vor einem Tier

Wenn du im Traum Angst vor einem Tier hast oder von einem Tier erschreckt wirst, ist dies ein Anzeichen dafür, dass dich deine eigenen Gedanken, Gefühle und Wünsche beunruhigen. Versteckst du dich vor dem Tier oder glaubst, in der Falle zu sitzen, weist dies darauf hin, dass deine innersten Triebe und Wünsche die Oberhand über dein Alltagsverhalten zu gewinnen drohen.

## Verletzte Tiere

Ein Traum von einem verletzten Tier ist ein Anzeichen für eine emotionale oder spirituelle Verletzung. Nimm dir eine Auszeit, um gut für dich zu sorgen und neu zu überlegen, wo es für dich im Leben hingehen soll.

## Fürsorge für ein Tier

Wenn du in deinem Traum an der Pflege oder Versorgung eines Tieres mitwirkst, dann ist dies ein Hinweis darauf, dass du aus lauter Fürsorge für andere deine eigenen Bedürfnisse vernachlässigt hast. Gönne dir Zeit zur Entspannung und zum Nachdenken. Suche dir etwas aus, was du sehr gerne einmal tun würdest – ganz allein für dich. Und dann tue es.

## Ein Tier essen

Wenn du im Traum ein Tier isst, weist dies darauf hin, dass du aus einer äußeren Quelle, etwa von einer Freundin oder einem Kollegen, Kraft erhältst. Diese Kraft kann auch eine Folge der Beschäftigung mit einem bestimmten Thema oder der dabei gewonnenen Erkenntnisse sein.

## Prähistorische Tiere

Wenn du von einem Dinosaurier oder einer anderen vorzeitlichen Kreatur träumst, kann dies ein Anzeichen dafür sein, dass ein Trauma aus ferner Vergangenheit – möglicherweise aus der frühen Kindheit – dir immer noch zu schaffen macht. Du musst herausfinden, um welches traumatische Ereignis es sich handelt und dann dir

selbst und allen Beteiligten vergeben, damit du wieder nach vorne
schauen kannst.

## Fantasietiere

Träume von Fantasietieren wie einem Einhorn oder einem Phönix
kommen gar nicht so selten vor. Vielleicht träumst du sogar von
Fantasietieren, für die es gar keine offizielle Bezeichnung gibt, weil
nur du sie kennst. Versuche herauszufinden, ob du die Bedürfnisse
des jeweiligen Tieres erkennen kannst und was dies mit dir zu tun
hat.

## Wiederkehrende Traum-Tiere

Wenn in deinen Träumen immer wieder dasselbe Tier auftaucht,
dann ist dies ein Anzeichen dafür, dass es sich entweder um dein
Totemtier handelt oder du noch nicht alle Informationen genutzt
hast, die das Tier dir bietet. Bleibe empfänglich und offen und gehe
in kleinen Schritten vor. Begreife und akzeptiere, dass das Tier so
lange immer wieder in deinen Träumen erscheint, bis du alles ge-
lernt hast, was dieses bestimmte Tier dich lehren will.

## Traum, du seiest ein Tier

Ein Traum, in dem du ein Tier oder teils Mensch, teils Tier bist, ist
ein Hinweis darauf, dass die Eigenschaften dieses Tieres wichtig
für dich sind. Wenn du mehrfach träumst, du seiest immer wieder
dasselbe Tier, dann deutet dies darauf hin, dass dieses Tier dein
Totemtier sein könnte.

# Tierlexikon

### Aal

Aale sind glattschuppige, schlangenähnliche Raubfische. In vielen Teilen der Welt, besonders aber in China, wird die phallische Gestalt des Aals mit Sexualität verbunden.[1] Weil Aale im Wasser leben, das das Unbewusste symbolisiert, zeigt der Traum von einem Aal, dass sich unter der Oberfläche deines Verstandes starke sexuelle Impulse verbergen. Diese drücken sich häufig als Angst und mangelnde Selbstsicherheit aus, insbesondere in sexuellen Dingen. Wenn es dir im Traum gelingt, einen Aal zu fangen und festzuhalten, so ist dies ein Anzeichen bevorstehenden Glücks.

### Adler

Seit der Antike gilt der Adler als der König der Vögel und wird von Königen und anderen Führungspersönlichkeiten als Symbol genutzt. Auch Zeus wurde von einem Adler begleitet. In der römischen Kunst trug ein Adler die Seele des verstorbenen Herrschers zu den Göttern, nachdem der Leichnam verbrannt worden war. Römische Legionen nutzten den Adler als Symbol der Stärke auf ihrem Banner. Wenn ein Kaiser starb, ließ man einen Adler über dem

Scheiterhaufen aufsteigen. Er war Symbol seiner Seele, die sich zu den Göttern aufschwingt.

Daher verwundert es nicht, dass der Adler in der Traumdeutung Stärke und Mut symbolisiert. Ein Traum von einem Adler zeigt, dass du die Kraft hast, deine Ziele zu erreichen, auch wenn du dich meist einsam und allein fühlst. Außerdem zeigt er, dass du auf alle Einzelheiten achtest und gute Entscheidungen triffst.

Ein Adler-Traum zeigt ferner, dass du Führungsqualitäten hast. Wenn du von einem Adler träumst, der hoch in den Lüften schwebt, ist dies ein Anzeichen dafür, dass du spirituelles Wachstum suchst. Bei Menschen, die in den USA leben, ist ein Traum von einem Weißkopfseeadler ein Anzeichen von Patriotismus.

**Affe**

Der Affe ist das neunte Zeichen im chinesischen Tierkreis. In der chinesischen Mythologie erscheinen Götter manchmal in Affengestalt. In dem großen indischen Epos *Ramayana* symbolisiert der Affengott Hanuman Güte, Sanftmut, Loyalität und Aufopferungsbereitschaft. Die ersten Christen brachten Affen mit allen denkbaren Lastern in Verbindung und setzten sie in Bezug zum Teufel. Kleine Kinder, die gerne überall herumklettern, bezeichnet man zuweilen auch liebevoll als „Kletteräffchen".

Träume von Affen sind ein Hinweis auf schöne Zeiten, angenehme Gespräche und viel Gelächter. Sie stehen im Bezug zu den kindlicheren, spitzbübischeren und verspielteren Aspekten des Träumers oder der Träumerin. Manchmal werden Affen mit Ehebruch in Verbindung gebracht, aber meist ist das Spiel nur ein unschuldiger Spaß. Ein Traum von einem Affen, der einen Pfirsich in der Hand hält, gilt als Vorzeichen für ein langes Leben.

Wenn du von einem Affen träumst, der aggressiv ist oder dir etwas, was dir gehört, nicht wiedergeben will, so ist dies ein Hinweis darauf, dass du dich auf ein Problem versteift hast, welches nicht so schwerwiegend oder wichtig ist, wie du glaubst. Wenn du das Problem loslässt, kehrt in deinem Leben wieder unbeschwerte Heiterkeit ein.

Siehe auch Menschenaffe und Schimpanse.

## Albatros

Der Albatros ist ein großer Seevogel. Weil Albatrosse tagelang in der Luft bleiben können, glaubten Seeleute früher, sie könnten im Flug schlafen. In seiner Ballade *Der alte Seefahrer* bediente Samuel Taylor Coleridge (1772-1824) den alten Mythos, wonach es Unglück bringt, wenn man einen Albatros tötet. Der Naturforscher und Botaniker Joseph Banks (1743-1820) schrieb in seinem Tagebucheintrag vom 5. Februar 1769 – verfasst während seiner Weltumsegelung auf der berühmten HMS Endeavour – er sei „ausreichend wohlauf gewesen, um von den am 3. erlegten Albatrossen zu essen; sie waren so gut, dass jeder sie lobte und ihnen herzhaft zusprach, obwohl frisches Schweinefleisch auf dem Tisch stand."[2]

Manche glauben auch heute noch, ein Albatros sei die Reinkarnation eines ertrunkenen Seemannes. Albatrosse können bis zu sechzig Jahre alt werden, gelten jedoch als bedrohte Art, da sie sich nur langsam vermehren.

Ein Traum von einem Albatros ist ein Hinweis auf ein großes Problem oder eine schwere Last, um die es sich zu kümmern gilt. Dies bezieht sich auf die alte Seefahrer-Redewendung „einen Albatros um den Hals haben". Jeder Mensch erlebt Konflikte, Sorgen, finanziellen Druck, Beziehungsprobleme und andere Belastungen. Wenn man sich nicht darum kümmert, werden sie zur drückenden Bürde und können schließlich unsere körperliche, geistige und

emotionale Gesundheit beeinträchtigen. Taucht ein Albatros auf,
so zeigt dies, dass du diese Probleme nun nicht mehr ignorieren
kannst.


## Alligator

Alligatoren und Krokodile sind die größten – und gefährlichsten –
Reptilien der Welt. Im alten Ägypten wurde das Krokodil vergött-
licht und als Sebek angebetet. Außerdem stand es in Bezug zum
Sonnengott Ra.

Ein Traum von einem Krokodil oder Alligator ist ein Hinweis
darauf, dass du in einer intensiven und äußerst komplizierten Situation steckst, die aber nur von kurzer Dauer ist. Obwohl es nicht
nötig ist, nimmst du die Sache wahrscheinlich persönlich. Manchmal ist ein solcher Traum ein Hinweis darauf, dass du schnell und
drastisch handeln musst, um das Problem aus der Welt zu schaffen.

Ein Traum von einem Alligator kann auch auf eine fast gänz-
lich verborgene negative Seite deines Wesens hindeuten, die dich
zu Fall bringen und deinen Ruf ruinieren könnte, wenn es dir nicht
gelingt, sie in den Griff zu bekommen.


## Ameise

Die Bibel sagt: „Geh hin zur Ameise, du Fauler, sieh an ihr Tun und
lerne von ihr" (Sprüche 6, 6). Aesops Fabel „Die Ameise und die
Heuschrecke" erzählt, dass die Heuschrecke, die das ganze Früh-
jahr und den gesamten Sommer über faul gewesen ist, im Winter
die Ameisen aufsuchen und um Futter betteln muss. Ameisen gelten seit jeher als fleißig, ausdauernd, sparsam und gut organisiert.
Ein Ameisentraum ist daher ein Anzeichen dafür, dass du dir diese
Eigenschaften zunutze machst, um im Leben vorwärts zu kommen.

Wahrscheinlich freut es dich aber nicht einmal sonderlich, dies zu hören, weil diese Fähigkeiten für dich vermutlich selbstverständlich sind. Nimm dir Zeit, um dich wertzuschätzen und über deine besonderen Fähigkeiten und Begabungen nachzudenken. Mache dir bewusst, dass dein positives Naturell, dein Fleiß, deine Sorgfalt und Geduld sich mit der Zeit auszahlen werden.

Wenn die Ameisen in deinem Traum unangenehm wirken, dann deutet dies darauf hin, dass du mehr Abwechslung und Anregung brauchst.

Träumst du von fliegenden Ameisen, so ist dies ein Hinweis darauf, dass du durcheinander bist und nicht weißt, wo es für dich im Leben hingehen soll. Dies kann äußerst verwirrend sein. Der römische Kaiser Nero hatte mehrere Träume, in denen er von ganzen Schwärmen fliegender Ameisen gejagt wurde. Sie traten auf, kurz bevor er dem Wahnsinn verfiel, und setzten erneut ein, nachdem er seine Mutter ermordet hatte.[3]

## Ameisenbär

Ameisenbären sind zahnlose Säugetiere, die in Mittelamerika heimisch sind. Sie kommen zwischen Mexiko und Argentinien vor. Ameisenbären haben eine röhrenförmige Schnauze sowie eine lange, klebrige, wurmartige Zunge, mit der sie Ameisen und Termiten aufsammeln, von denen sie sich ernähren.

Ein Traum von einem Ameisenbären zeigt, dass du die Fähigkeit besitzt, Probleme schon zu erspüren und zu lösen, bevor andere sie überhaupt erkennen. Falls etwas verloren ging, ist ein Traum von einem Ameisenbären ein Anzeichen dafür, dass das Verlorene bald gefunden wird.

## Ameisenigel

Das Echidna oder der Ameisenigel ist ein gedrungener, stacheliger Ameisenfresser mit kurzem Schwanz. Er lebt in Australien und Neuguinea. Wird er von seinen Feinden gestört, rollt er sich zusammen wie ein Igel, zwängt sich in eine Spalte oder vergräbt sich in der Erde, bis nur noch seine Stacheln zu sehen sind. Ameisenigel sind scheue, langsame Tiere, die bis zu fünfzig Jahre alt werden können. Ein Traum von einem Ameisenigel ist ein Anzeichen dafür, dass du dich nicht weiter zurücknehmen, sondern nötigenfalls immer für dich einstehen solltest.

Die Echidna hingegen war ein Fabelwesen, halb Frau, halb Schlange. Sie lebte in einer tiefen Höhle und galt als „die Mutter aller Ungeheuer". Sie gebar viele weitere griechische Fabelwesen, unter anderem die Chimäre und die Sphinx.

Wenn du von Echidnas träumst, dann suchst du etwas oder jemanden, das bzw. der nicht zu finden ist. Es wird Zeit, loszulassen und wieder nach vorne zu schauen.

Siehe auch Chimäre und Sphinx.

## Antilope

Die Antilope lebt in Afrika und Teilen Asiens. Antilopen haben kraftvolle lange Beine, mit denen sie notfalls schnell laufen und springen können. Ihre Hörner setzen sie als Waffe ein, insbesondere in Rivalenkämpfen um Weibchen. Durch ihr scharfes Gehör, ihren ausgeprägten Geruchssinn und ihr hervorragendes Sehvermögen können sie Raubtieren frühzeitig aus dem Weg gehen.

Ein Traum von einer Antilope zeigt, dass du das Potenzial zu schnellem Handeln hast und notfalls Hindernisse sogar einfach überspringen kannst.

## Bär

In vorgeschichtlicher Zeit wurden Bären angebetet – nicht nur wegen ihrer Kraft, sondern auch weil man glaubte, sie seien die Vorfahren der Menschheit. Für den Bär als Traumsymbol gibt es sowohl positive als auch negative Deutungen. Wenn du von einem gutmütigen Bären träumst, ist dies ein Anzeichen dafür, dass du Kraft und Energie aufbaust, damit du eine monumentale Aufgabe bewältigen kannst. Viele träumen, ein Bär bedrohe oder verfolge sie. Geschieht dies im Traum einer Frau, so ist es ein Hinweis darauf, dass frühere Verletzungen in aktuellen Beziehungen Schwierigkeiten bereiten. Im Traum eines Mannes deutet es darauf hin, dass aus der Kindheit rührende Unzulänglichkeitsgefühle ihn hemmen.

In der chinesischen Symbolik steht der Bär für männliche Energie. (Die Schlange symbolisiert weibliche Energie.) Daher gilt er als Symbol für Mut, Kraft und Fleiß. Träumt eine Frau um die Zeit der Empfängnis von einem Bären, so glaubt man, dass sie einen Sohn auf die Welt bringen wird.

Ein Bärentraum weist den Träumer darauf hin, dass er seine innere Stärke und seinen Mut kultivieren muss. Der Träumer wird wahrscheinlich auf viele Hindernisse stoßen, die er angehen muss, hat aber auch die Kraft, diese zu überwinden.

Siehe auch Panda und Eisbär.

## Basilisk

Der Basilisk ist ein Fabeltier mit Schlangenkörper und Vogelkopf sowie Vogelkrallen. Er galt als der König der Schlangen und konnte schon mit seinem Blick töten. In Europa symbolisierte er Wollust, Verderbtheit, Krankheit und Leiden. Sein Blick tötete jeden, der so unklug war, ihm in die Augen zu schauen. Im Christentum war der Basilisk ein Symbol des Teufels.

Ein Traum von einem Basilisken deutet darauf hin, dass du versucht bist, etwas zu tun, was du nicht tun solltest. Egal, was es ist, es geht gegen deine wahre Natur, und wenn du dieser Versuchung nachgibst, wirst du dich danach selbst verabscheuen.

Siehe auch Schlange

## Beutelratte

Siehe Opossum.

## Biber

Biber sind fleißige, pragmatische Tiere, die sich Dämme und kuppelförmige Baue errichten, zuweilen mit beträchtlichen Ausmaßen. Am Jefferson River gibt es bei Three Forks in Montana einen Biberdamm mit sechshundertdreiundfünfzig Metern Länge. Größtenteils ist er nur knapp einen Meter achtzig, an einigen Stellen jedoch über vier Meter hoch und an seiner Basis sieben Meter breit.[4] Biber arbeiten schnell und können einen Baum mit einem Stammdurchmesser von fünfzehn Zentimetern in weniger als einer Stunde fällen. Sie können bis zu fünfzehn Minuten unter Wasser bleiben und dabei Holz benagen.

Bei den amerikanischen Ureinwohnern gelten Biber oft als heilig. Ihrer Überlieferung nach können sie dem Träumer Erkenntnis und Weisheit vermitteln.

Da Biber kooperativ zusammenarbeiten, ist ein Traum von einem Biber ein Hinweis darauf, dass auch du gut mit anderen zusammenarbeiten musst, wenn du vorankommen willst. Biber können ihre Umwelt verändern. Deshalb kann ein Traum von einem Biber auch bedeuten, dass du kreativ sein und dich nach neuen, originellen Handlungsweisen umsehen solltest.

## Biene

Einer alten Sage nach soll Jupiter, der höchste Gott in der römischen Mythologie, von Bienen großgezogen worden sein. Bienen gelten jedoch überall auf der Welt als Symbol für Fleiß, Sparsamkeit und Einsatzbereitschaft. Außerdem symbolisieren sie Aktivität, Produktivität, soziale Organisation, Teamwork und Reinlichkeit. Ein Bienentraum ist ein Hinweis darauf, dass Teamwork oder gemeinsame Anstrengungen vonnöten sind. Wenn du dich darauf einlässt, erreichst du viel mehr, als du alleine bewerkstelligen könntest. Außerdem ist ein solcher Traum ein Anzeichen für Multitasking. Bienenträume treten häufig auf, wenn etwas Folgenschweres und Wichtiges bevorsteht, etwa eine Prüfung, eine Hochzeit oder die Geburt eines Kindes. Ein Traum von einer einzelnen Biene ist ein Anzeichen dafür, dass du viele gute Freunde hast.

Aber Bienenträume haben auch eine negative Seite. Sie können auf eine Unmenge geistloses inneres Geplapper hindeuten, das es dir sehr schwer macht, dich zu konzentrieren und klar zu denken.

In China symbolisiert eine Biene einen verliebten jungen Mann, und die Blume, die sie umkreist (meist eine Pfingstrose), das Mädchen, das er liebt. Daher ist ein Bienentraum ein Hinweis auf Liebe, Romantik und Ehe. Ein Traum von einer Biene und einem Schmetterling ist jedoch eine Anspielung auf den Liebesakt.

Ein berühmter, über dreihundert Jahre alter Traum bringt Bienen mit Wohlstand in Verbindung. Eine Prostituierte träumte regelmäßig, sie schliefe mit einem Gelehrten namens Dr. Schmale Lende. Eines Nachts träumte sie, dass Herr Schmale Lende nach dem Liebesakt immer kleiner wurde und sich schließlich in eine Biene verwandelte. Sie kümmerte sich um diese Biene, die Tausende weiterer Bienen anzog. Die Prostituierte sammelte und verkaufte den Honig und wurde damit reich. Deshalb gilt ein Bienentraum in China als ein Vorzeichen kommenden Wohlstands.[5]

## Bison

Vor zweihundert Jahren wurden die Bisonherden in Nordamerika auf achtzig Kilometer Länge und dreißig Kilometer Breite geschätzt. 1890 waren nur noch sechshundertfünfunddreißig Bisons übrig. Glücklicherweise gibt es heute in Nordamerika wieder knapp dreihundertfünfzigtausend Exemplare, und da ihr Fleisch sehr nahrhaft ist, werden die meisten zur Fleischerzeugung gehalten. Der amerikanische Bison wird oft als „Büffel" bezeichnet, obwohl die Bisons mit den echten, bullenähnlichen Büffeln der Alten Welt nicht eng verwandt sind. Ein Traum von einem Bison ist ein Zeichen, dass du enorme Kraft hast, die du bisher noch nicht produktiv anzapfen und umsetzen konntest. Nimm dir etwas Zeit zum Nachdenken darüber, was du tun willst, und wenn du es herausgefunden hast, nutze deine Kraft und Ausdauer, um es in die Realität umzusetzen.

Siehe auch Büffel.

## Büffel

Büffel symbolisieren Stärke und Kraft. Der Philosoph Laotse, Verfasser des *Taoteking*, soll auf einem Büffel nach Westen geritten sein. Büffel sind normalerweise ein positives Traumsymbol. Sie sind ein Zeichen dafür, dass du zu deinen Wurzeln zurückkehren solltest, wo du Zufriedenheit und Erfüllung findest. Ein Freund wurde Musiker, nachdem er von einem Büffel geträumt hatte.

Zwanzig Jahre lang war er in der Computerbranche tätig gewesen, doch nachdem er mehrfach von Büffeln geträumt hatte, kehrte er zu seiner ersten Liebe, der Musik, zurück.

Ein besonders gutes Zeichen ist es, wenn man von einem weißen Büffelkalb träumt. Dies ist ein deutlicher Hinweis darauf, dass der richtige Zeitpunkt gekommen ist, um loszulegen und deine Träume zu verwirklichen.

Ein Traum von einer Herde fliehender Büffel ist ein Anzeichen dafür, dass jemand oder etwas dich einschüchtert. Nutze deine Stärke und deinen Mut, um dich der Situation zu stellen, dann wird sie schnell erledigt sein.

Siehe auch Bison.

## Bussard

Der Bussard ist als Traumvogel eher ungewöhnlich. Traditionell kann das Auftauchen eines Bussards ein Glücks- wie auch ein Unglückszeichen sein. Er kann die Geburt eines Kindes und die Heilung von einem Leiden oder einer Krankheit ankündigen. Fliegt ein Bussard über dein Zuhause, so ist dies ein sicherer Vorbote für nahenden Besuch. Fliegt allerdings ein Bussard über eine Kirche, während darin eine Trauung stattfindet, gilt dies als Unglückszeichen.

Da Bussarde die Landschaft sauber halten, kann der Traum von einem Bussard eine Zeit des Aufräumens und der Reinigung in deinem Leben ankündigen. Fliegt ein Bussard weg, wenn du dich ihm im Traum näherst, so ist dies ein Hinweis darauf, dass ein potenzielles Problem gelöst wird. Eine Gruppe von Bussarden in deinem Traum ist ein Anzeichen dafür, dass hinter deinem Rücken über dich getratscht wird.

## Chimäre

In der griechischen Mythologie ist die Chimäre ein Wesen mit
Kopf, Mähne und Beinen eines Löwen, dem Körper einer Ziege
und dem Schwanz eines Drachen. Homer beschrieb die Chimäre
als Erster. Heute bezeichnet der Begriff Chimäre (der in diesem
Falle auch „Schimäre" geschrieben werden kann) etwas Fantastisches, Eingebildetes oder Unwirkliches, ein Trugbild.

Wenn du von einer Chimäre träumst, dann ist dies ein Hinweis
darauf, dass du etwas Illusionäres oder Fantastisches für Wirklichkeit hältst.

## Dachs

Dachse sind still, entschlossen und beharrlich. Wenn du von einem
Dachs träumst, besitzt du diese Eigenschaften ebenfalls. Es zeigt,
dass du bereit bist, für deine Überzeugungen einzutreten, und dass
du für das, was du dir vorgenommen hast, unablässig und ausdauernd arbeitest, bis du es erreicht hast. Außerdem zeigt es, dass du
still und leise dafür sorgen kannst, dass andere in die Gänge kommen.

Wenn dich im Traum ein Dachs angreift, dann symbolisiert er
jemanden, der dich absichtlich in irgendeiner Form verletzt.

Das chinesische Wort für Dachs ist gleichlautend mit einem Begriff für „glücklich sein". Für die Chinesen ist ein Traum von einem
Dachs daher ein Vorzeichen angenehmer, glücklicher Zeiten. Wird
der Dachs – wie häufig in der chinesischen Kunst – von einer Elster
begleitet, gilt er als Zeichen für großes Glück und Zufriedenheit.

Siehe auch Elster.

## Delphin

Delphine gelten als intelligente, anmutige und verspielte Tiere. Wenn du von einem Delphin träumst, spielen diese Assoziationen bei den momentanen Ereignissen in deinem Leben eine große Rolle. Normalerweise bedeutet ein solcher Traum, dass du geistig herausgefordert wirst und sich dein Denken weitet, weshalb du von dieser Anregung profitierst. Außerdem weist der Traum darauf hin, dass du dir Zeit zum Spielen gönnen solltest.

Delphine haben auch einen Bezug zur Kommunikation und können ein Hinweis darauf sein, dass dein Unbewusstes wichtige Informationen hat, die es deinem bewussten Verstand zu übermitteln versucht. Wenn die Delphine in deinem Traum springen, dann ist dies ein Anzeichen von Zufriedenheit und Fröhlichkeit. Es zeigt, dass es in deinem Leben in jeder Hinsicht gut läuft.

## Dinosaurier

Dinosaurier waren Reptilien, die vor etwa fünfundsechzig Millionen Jahren, im Mesozoikum oder Erdmittelalter, gelebt haben. In Träumen kommen sie selten vor, aber wenn, dann stehen sie für gewöhnlich in Bezug zu grundlegenden, instinktiven Trieben wie Überleben und Fortpflanzung der Art. Dinosaurier symbolisieren Erinnerungen und Gefühle aus der frühen Kindheit, die sich auf dein heutiges Leben auswirken. Sie können auch für das Loslassen von etwas aus deiner Vergangenheit stehen, das dich seit Langem bremst. In diesem Falle sind sie ein Zeichen vermehrter Selbstsicherheit und schnelleren Fortschritts in der Zukunft.

## Drache

Der Drache ist ein Fabeltier, das in etwa aussieht wie ein geflügeltes, feuerspuckendes Krokodil. Der Drache ist das fünfte Zeichen im chinesischen Tierkreis. Er steht für Osten, Sonnenaufgang und Regen. Im Osten gilt der Drache als gutmütig, unterstützend und fürsorglich.

Im Westen betrachtete man Drachen hingegen als böse, grausame Entführer unschuldiger Jungfrauen. Im Mittelalter war der Drache ein Synonym für Sünde. Dies geht auf zwei Bibelstellen zurück: „Über Löwen und Ottern wirst du gehen, und junge Löwen und Drachen niedertreten" (Psalm 91, 13) sowie „und es wurde hinausgeworfen der große Drache, die alte Schlange, die da heißt: Teufel und Satan, der die ganze Welt verführt" (Offenbarung 12, 9).

Die alten Britannier jedoch trugen den Drachen als Nationalsymbol auf ihrer Standarte, wenn sie in den Krieg zogen, und bis heute ist ein roter Drache markantes Element der Flagge von Wales.

Ein Traum von einem Drachen ist ein Zeichen von Stärke, Potenz und Elan. Daher ist er ein Hinweis auf Fruchtbarkeit. Der Drache ist außerdem ein magisches Tier. Aus diesem Grund bedeutet ein Drachentraum auch, dass du mehr Fähigkeiten und Begabungen hast, als du denkst. Früher galt ein Drachentraum als Vorzeichen, dass der Träumer dem Kaiser begegnen würde. Allgemein gesprochen ist es ein glückliches Omen, wenn man von einem Drachen träumt.

Siehe auch Komododrache/Komodowaran.

## Eber

Siehe Schwein.

## Echidna

Siehe Ameisenigel.

## Eichhörnchen

Dem Eichhörnchen ist es in der christlichen Symbolik nicht sonderlich gut ergangen. Weil es Nahrungsvorräte anlegt, galt es bei den Christen als Symbol für Neid. Wegen seines hohen Tempos und seiner pfeilschnellen Bewegungen verband man es im Mittelalter mit dem Teufel. In der germanischen Mythologie lebte das Eichhörnchen auf der Weltenesche Yggdrasil und war dem Donner- und Regengott Thor heilig.

Wenn du von einem Eichhörnchen träumst, ist dies ein Anzeichen dafür, dass du Informationen hortest, sie aber nicht in die Praxis umsetzt (so wie das Eichhörnchen Nahrung hortet, aber nicht alle Verstecke wiederfindet). Da Eichhörnchen immer sehr geschäftig umherflitzen, kann ein Traum-Eichhörnchen auch bedeuten, dass du dich auf eine bestimmte Aufgabe konzentrierst und diese so schnell erledigst, wie du nur kannst. Doch diese Geschäftigkeit muss produktiv umgesetzt werden, sonst wuselst du nur ständig herum und hast am Ende doch nichts vorzuweisen.

## Eidechse

Weil Eidechsen gerne in der Sonne sitzen, werden sie oft zum Symbol für Seelen, die das göttliche Licht suchen. Daher findet man Eidechsen häufig auf griechischen Urnen und Gräbern. Auch in der christlichen Kunst wird die Eidechse teils so dargestellt. Weil Eidechsen ihre Haut abwerfen, sind sie auch mit Wiedergeburt, Auferstehung und Reinkarnation verbunden.

Wenn du von einer Eidechse träumst, so ist dies ein Anzeichen dafür, dass du dich auf einer tiefen, grundlegenden Ebene veränderst, was dir vielleicht noch gar nicht bewusst ist. Wahrscheinlich bist du im Moment dünnhäutiger, vielleicht auch ängstlich oder nervös. Die Eidechse zeigt jedoch, dass du innerlich wächst und dich weiterentwickelst und am Ende etwas Gutes für dich herauskommen wird.

Siehe auch Komodowaran.

## Einhorn

Das Einhorn ist ein Fabelwesen – ein pferdeähnliches Tier mit einem einzelnen Horn in der Stirnmitte. Erstmals beschrieben wurden Einhörner um 400 v.u.Z. von dem griechischen Historiker und Arzt Ktesias. Der Legende nach kann ein Einhorn nur von einer Jungfrau gefangen werden. Einhörner sollen durch Eintauchen ihres Horns in eine verdächtige Speise oder ein Getränk feststellen können, ob dieses vergiftet ist. Wird ein Einhorn verfolgt und springt es auf den Schoß einer Jungfrau, so ist es in Sicherheit. Deshalb wird die Jungfrau Maria oft mit einem Einhorn auf dem Schoß dargestellt – ein Symbol der Unbefleckten Empfängnis.

Das Einhorn symbolisiert Reinheit und Güte. Außerdem steht es traditionell auch für eine große und glückliche Familie. In China bedeutete dies viele Söhne, und in der chinesischen Kunst wird das Einhorn manchmal mit einem kleinen Jungen auf dem Rücken dargestellt.

Ein Traum von einem Einhorn ist ein Vorzeichen vieler schöner Unternehmungen mit der Familie. Träumt eine junge Frau von einem Einhorn, so sagt ihr dies die künftige Geburt eines Sohnes voraus.

## Eisbär

Der Eisbär ist das größte fleischfressende Landtier der Welt. Er lebt fast ausschließlich innerhalb des Polarkreises und ist normalerweise Einzelgänger.

Ein Traum von einem Eisbär weist darauf hin, dass die Situation unklar ist und du Gefahr läufst, von einem Bekannten oder Freund betrogen zu werden.

Siehe auch Bär.

## Eisvogel

Weil die leuchtend bunten Eisvögel oft paarweise fliegen, sind sie ein Symbol für eheliche Glückseligkeit, besonders in China. „Eisvogel-Kontakt" heißt eine der dreißig Stellungen im chinesischen Liebesspiel. Wenn du daher im Traum einen Eisvogel siehst, ist dies ein Anzeichen für sexuelle Befriedigung und Freude.

In mittelalterlicher Zeit glaubte man, der Eisvogel verlöre bei der Mauser alle seine Federn. Daher wurde er zum Symbol der Auferstehung.

## Elch

Der Elch ist die mit Abstand größte Hirschart. Ein erwachsener Elch hat eine Schulterhöhe von bis zu zwei Meter dreißig und wiegt bis zu achthundert Kilogramm. Allein sein Geweih wiegt bis zu fünfundzwanzig Kilo und kann täglich um zwei Zentimeter wachsen. Außerdem ist das Geweih äußerst feinfühlig: Ein Elch kann spüren, wenn eine Fliege darauf landet. Früher wurden Elche wegen ihres Geweihs und ihres Fleisches gejagt, heute aber sind sie sowohl in Nordamerika als auch in Europa geschützt.

Ein Traum von einem Elch ist ein Anzeichen dafür, dass du bald vor einem großen Problem stehen wirst, das nur schwer in den Griff zu kriegen ist. Zurückhaltung und eine leidenschaftslose Sichtweise sind gefragt. Dann wird die Lösung erkennbar.

## Elefant

Der Elefant ist das größte Landsäugetier. Er symbolisiert Stärke, Macht, Intelligenz und langes Leben. In Asien gilt der Elefant als starkes, kluges und fröhliches Tier. Der indische Gott Indra reitet einen Elefanten, und Ganesha, der Sohn des großen Gottes Shiva, hat einen Elefantenkopf. In Afrika symbolisieren Elefanten Stärke, langes Leben und Glück. In China symbolisieren sie Kraft und Intelligenz. Elefanten sind nicht nur hochintelligent, sondern auch berühmt für ihr Gedächtnis. Aristoteles zufolge verzichtet der Elefantenbulle in der zweijährigen Tragzeit seiner Elefantenkuh auf Sex. Dies stimmt zwar nicht, doch aufgrund dieser Annahme betrachtete man Elefanten als fürsorglich, keusch und besonnen.

Heute gilt der Elefant als intelligentes, moralisches und treues Tier. Natürlich symbolisiert er auch Stärke, Ehrgeiz, Motivation, Macht und endloses Durchhaltevermögen. Ein Traum von einem Elefanten zeigt, dass alle diese Eigenschaften in deinem Leben vorhanden sind und genutzt werden sollten. Ein Elefant kann symbolisch für alle *die* Eigenschaften stehen, die du im Alltag umsetzen solltest.

Elefanten sind außerdem berühmt für ihr Gedächtnis. Sie können in deinen Träumen auftauchen, wenn du befürchtest, du könntest etwas Wichtiges vergessen. Nicht wenige Menschen haben mir erzählt, dass sie in der Vorbereitung auf wichtige Prüfungen von Elefanten geträumt haben. Elefanten haben ein großes Gehirn und sind äußerst intelligent. Interessanterweise sind Elefanten, Delfine und einige Primaten die einzigen Tiere, die sich im Spiegel erkennen können.

Wenn du im Traum auf einem Elefanten reitest, dann bedeutet dies, dass deine Wünsche Wirklichkeit werden. Am Ende wirst du in eine Position mit großer Verantwortung und hohem Ansehen aufrücken.

Negative Träume von Elefanten sind selten. Es ist ein Anzeichen von Verdrängung und Enttäuschung, wenn Elefanten einander im Traum angreifen oder bekämpfen. Wenn du vor einem Elefanten davonläufst, dann ist dies ein Hinweis darauf, dass du Angst davor hast, deine Macht und deine Stärke einzusetzen.

Ein Traum von einem Elefantenrüssel ist ungünstig, da er Anzeichen eines frühen Todes sein kann. Mit anderen Worten, du wirst nicht so lange leben, dass du noch deinen Ruhestand genießen kannst.

## Elster

Im Mittelalter nutzten Künstler die Elster als Symbol des Bösen und des Todes. In Schweden verband man die Elster mit Hexerei. In der englischen Grafschaft Devon spuckte man beim Anblick einer Elster dreimal aus, um Unglück abzuwehren. In Schottland glaubte man, wenn Elstern in der Nähe des Hauses flögen, sei dies ein Vorzeichen, dass bald jemand sterben müsse. Ein alter englischer Reimspruch dreht sich um die Anzahl der Elstern, die man sieht:

„Eine bringt Sorgen, zwei sind labend,
drei bringen ein Mädchen, vier 'nen Knaben,
fünf bringen Silber, sechs bringen Gold,
bei acht gibt's 'nen Wunsch, bei neun einen Kuss,
und zehn bringen glücklichen Ehebund.

In China ist ein Traum von einer Elster ein ausgezeichnetes Omen, das gute Nachrichten und Glück verheißt. Außerdem gelten Elstern als Hinweis auf eine glückliche Ehe. Eines der beliebtesten chinesischen Märchen handelt vom Kuhhirten und der jungen Weberin. Am siebten Tag des siebten Mondes versammeln sich die Elstern und bilden eine Brücke über die Milchstraße. So kann die junge Weberin ihren Liebsten, den Kuhhirten, besuchen. An diesem Tag bringen junge Frauen, die noch Single sind, der jungen Weberin Opfergaben dar und lassen sich die Zukunft vorhersagen – in der Hoffnung, zu erfahren, dass sie bald ihrem Liebsten begegnen werden.

Zwei Elstern zusammen stehen für den Liebesakt. Chinesische Künstler malen häufig Bilder, auf denen zwölf Elstern zu sehen sind. Sie bedeuten traditionell zwölf gute Wünsche.

Im Westen spricht man von der „diebischen Elster", weil Elstern von allem angezogen werden, was glänzt. Ein Traum von Elstern bedeutet daher, dass dich jemand bestiehlt. Es gilt als Unglückszeichen, wenn man von einer einzelnen Elster träumt, da Elstern ein Leben lang zusammenbleiben.

**Ente**

Enten kommen auf der ganzen Welt vor. Kleine Kinder füttern sie gern, viele Erwachsene jagen sie lieber  – als Sport oder um sie zu essen. Zwar sind mit dem Wort „Ente" umgangssprachlich beide Geschlechter gemeint, doch eigentlich bezeichnet es nur das weibliche Tier. Die korrekte Bezeichnung für das Männchen ist Erpel (oder Enterich). Weil Enten sowohl im Wasser als auch auf dem Land und in der Luft zu Hause sind, symbolisieren sie die Möglichkeit zur Transformation. Ein Traum von einer Ente ist daher ein Zeichen, dass du bereit sein solltest, dich zu ändern, weil sich dir dadurch vielfältige Chancen eröffnen.

Die ersten Christen brachten an ihren Kirchenportalen Enten-
darstellungen an, weil nämlich Enten permanent schnattern und
die Kirchenväter wollten, dass ständig plappernde Menschen fern
blieben. Wenn du also von mehreren schnatternden Enten träumst,
dann ist dies ein Hinweis darauf, dass du dich nicht auf geistloses
Geplapper und Geschwätz einlassen solltest.

In China hat die Ente einen interessanten Ruf. In Ostchina ist
das Wort „Ente" zum Beispiel gleichlautend mit dem Begriff für
„homosexuell". In Nordchina klingt das Wort für „Penis" genauso
wie das für „Ente". Dies zeigt, wie durch ähnlich klingende Worte
ein negativer Eindruck entstand, unter dem die Ente im Laufe der
Jahre zu leiden hatte. Dennoch ist ein Traum von einem Entenpaar
ein Zeichen für Liebe und Zärtlichkeit, und ein Traum von einer
Mandarinente ist ein Hinweis auf eine glückliche Ehe.

### Erdferkel

Das Erdferkel ist ein ungewöhnlich aussehendes, nachtaktives Tier,
das eine Länge von bis zu einem Meter achtzig erreichen kann.
Es hat eine Nase wie ein Ameisenbär, eine lange, klebrige Zunge,
Ohren wie ein Hase, eine ledrige, dicke Haut, kräftige Krallen und
kurze, stämmige Beine. Seine Zähne wachsen ein Leben lang. Erdferkel leben von Ameisen und Termiten und können bis zu einer
halben Million davon auf einmal verspeisen. Sie sind Einzelgänger
und ignorieren ihre Artgenossen, außer in der Paarungszeit.

In neuerer Zeit ist die englische Bezeichnung des Erdferkels,
*aardvark*, zu einer umgangssprachlichen Umschreibung für den
Liebesakt geworden, vermutlich weil seine Zunge auf der Suche
nach Nahrung tief in Termitenhügel eindringt.

Wenn du von einem Erdferkel träumst, dann deutet dies darauf
hin, dass du deine Sache gut machst, aber deine Komfortzone ver-

lassen musst. Es ist ein Hinweis auf neue Interessen, die zwar einige Einarbeitungszeit erfordern, jedoch zu großer Zufriedenheit und
Freude führen.

## Esel

Heute gilt der Esel oft als Symbol der Dummheit. Doch ein Esel
war bei der Geburt Jesu zugegen, und ein Esel trug Jesus am Palm-
sonntag nach Jerusalem hinein. Damit sollte eine Prophezeiung
erfüllt und Sanftmut demonstriert werden. Daher steht der Esel in
der christlichen Überlieferung für Geduld und Bescheidenheit. Bis
heute hat der Esel einen dunklen Streifen auf dem Rücken, den
auf Höhe seiner Schultern ein Querstreifen kreuzt. Es heißt, Jesus
habe dem Esel nach seinem triumphalen Einzug in Jerusalem dieses Kreuzzeichen geschenkt.

Im alten Ägypten nutzte man Esel als Lasttiere. Sie verhalfen
den Ägyptern zur Ausdehnung ihres Handelsimperiums, denn Esel
tragen klaglos dreißig Prozent ihres Körpergewichts.

Im alten China war ein weißer Esel das Reittier der Unsterbli-
chen. In Indien ist der Esel ebenfalls das Reittier von Göttern, allerdings ist er dort ein negatives Symbol, denn es handelt sich um
die Götter des Todes.

Ein Eseltraum hat zwei Hauptbedeutungen. Die erste lautet, dass
du geduldiger werden, andere besser akzeptieren und weniger ur-
teilen solltest. Die zweite Deutung besagt, dass du dich sexuellen
Fantasien hingibst, die nichts mit dem zu tun haben, was du im
wirklichen Leben tun würdest. Ein Eseltraum ist auch ein Hinweis
darauf, dass die sexuelle Seite deines Lebens mehr Aufmerksamkeit braucht. Führst du den Esel an einem Strick, so ist dies ein
Anzeichen von Führungsqualitäten, Durchhaltevermögen und Ent-
schlossenheit. Ein iahender Esel deutet darauf hin, dass eine Fa-

milienstreitigkeit beigelegt wird. Reitest du auf dem Esel, ist dies ein Anzeichen von Bescheidenheit. Reitet jemand anderer den Esel, dann hast du vielleicht das Gefühl, dass der Hauptteil der Arbeit an dir hängen bleibt. Trägt der Esel eine schwere Last, so ist dies ein Vorzeichen einer Reise an neue und interessante Orte. Es ist ein Unglückszeichen, wenn du vom Esel herunterfällst oder der Esel dir einen Tritt verpasst.

## Eule

Im Westen gilt die Eule als Weisheitssymbol. Dieser Glaube geht auf die alten Griechen zurück, die die großen, ausdrucksstarken und nur selten blinzelnden Eulenaugen für ein Anzeichen von Intelligenz hielten. In Griechenland waren Eulen der Kriegsgöttin Athene heilig. Zu Friedenszeiten war sie allerdings die Göttin der Weisheit. Für die Römer war die Eule ein ungünstiges Zeichen. Plinius der Ältere schrieb sogar, eine ganze Stadt könne zerstört werden, wenn sich eine Eule darin zeige. Auch heute noch glaubt man in Europa vereinzelt, wenn eine Eule sich auf ein Hausdach setze, werde jemand in diesem Haus sterben. Bei den Chinesen gilt die Eule ebenfalls als ungünstiges Zeichen. Im Osten betrachtet man es als Vorzeichen einer Katastrophe, wenn man von einer Eule träumt.

Heute haben die meisten Menschen die griechischen Vorstellungen von der Eule übernommen. Wenn du also von einer Eule träumst, ist es daher ein Anzeichen dafür, dass du Wissen, Verständnis, Urteilsvermögen und Weisheit erlangen wirst – entweder durch eigenes Nachdenken oder deine Intuition oder indem du von jemandem, dem du vertraust, Rat einholst.

Wenn du von einer Eule träumst, während in deinem Leben gerade etwas zu Ende geht, ist dies ein Hinweis darauf, dass du es ohne Weiteres loslassen und nicht versuchen solltest, daran festzuhalten.

Wenn du dies tust, fällt es dir wesentlich leichter, die vor dir liegenden Neuanfänge anzupacken.

Hörst du im Traum den Ruf einer Eule, so ist dies ein Vorzeichen
einer kommenden schwierigen Phase. Du wirst Verlust, Schmerz
oder Traurigkeit erfahren, aber du wirst aus dieser Erfahrung deutlich gestärkt und mit neuen Fähigkeiten hervorgehen.

## Fabeltiere

Fabel- und Fantasietiere kommen in Träumen relativ häufig vor. Für
gewöhnlich tauchen sie in Albträumen auf. Meist sind Fabeltiere
recht einfach zu deuten. So symbolisieren zum Beispiel Ungeheuer
Chaos und Kontrollverlust. Wasserungeheuer stehen für verborgene
Tiefen, das Unbewusste und – manchmal – für göttliche Macht. Geflügelte Tiere symbolisieren esoterisches Wissen, das der Träumer
entdecken kann.

Viele Fabeltiere wurden erstmals in den mittelalterlichen Bestiarien beschrieben, die vom 11. bis 14. Jahrhundert sehr beliebt
waren. Obwohl es in Bestiarien auf den ersten Blick um Tiere ging,
handelte es sich dabei doch eigentlich um Bücher über christliche
Moral, die zur religiösen Unterweisung verwendet wurden. Enthalt-
samkeit und Keuschheit waren verbreitete Themen. Mit jedem Tier
war außerdem eine Moral verbunden, die sich aus seinem Verhalten
ableitete. Diese Bücher enthielten auch Geschichten über Pflanzen
und sogar Steine.

Das erste Bestiarium war ein anonymes Werk in griechischer
Sprache, der sogenannte *Physiologus*, aus dem 2. Jahrhundert u.Z.
Er umfasst achtundvierzig Kapitel, die sich jeweils mit einem Tier,
einer Pflanze oder einem Stein beschäftigen. Alle werden mit einer
Bibelstelle verbunden. Aufgrund seiner Beliebtheit wurde der *Phy-
siologus* in viele Sprachen übersetzt, darunter auch ins Angelsäch-

sische und Althochdeutsche. Alle späteren Bestiarien stützten sich auf den *Physiologus*, und die Symbolik, die den verschiedenen Tieren zugewiesen wurde, ist bis heute Bestandteil des Volksglaubens.

Der sagenhafte Phönix, der sich verbrennt und aus seiner Asche neu geboren wird, erschien erstmals im *Physiologus*. In diesem Buch wird außerdem behauptet, dass Hirsche ihre Feinde ertränken, Füchse sich totstellen, um Vögel anzulocken, und Igel mit ihren Stacheln Nahrungsvorräte für den Winter sammeln. Auch Greife, Einhörner, Drachen und diverse Seeungeheuer stammen allesamt aus Bestiarien.

Siehe auch Basilisk, Drache, Echidna, Einhorn, Furien, Greif, Hippogreif, Hydra, Kelpie, Kentaur, Leviathan, Meerjungfrau, Minotaurus, Pegasus, Phönix, Salamander, Satyr, Schlange, Sphinx, Wasserspeier und Zerberus.

## Falke

Im alten Ägypten war der Falke dem Sonnengott Ra heilig. Horus und andere Götter konnten notfalls die Gestalt eines Falken oder eines Menschen mit Falkenkopf annehmen. Falken werden seit mindestens zweitausendfünfhundert Jahren zu sportlichen Zwecken gezähmt und abgerichtet. Falknerei wird auch heute noch betrieben; wesentlich beliebter war sie allerdings im Mittelalter, als die jungen Leute aus den europäischen Königsfamilien diesem Sport nachgingen.

Ein Traum von einem Falken ist ein Hinweis darauf, dass deine angeborene Spiritualität gezähmt werden sowie in jeden Aspekt deines Lebens einfließen kann und sollte.

## Fasan

In der chinesischen Mythologie spielt der Fasan eine wichtige Rolle. Der Fasanenhahn ist ein Symbol für kosmische Harmonie, und der Ruf der Henne steht im Bezug zu *Chen* (Donner) im I Ging. Die Form der Pagodendächer ist Fasenenflügeln im Flug entlehnt.

Der Fasan ist ein Symbol für Glück und Zufriedenheit. Daher ist ein Fasan im Traum ein Anzeichen für nahendes Glück. Fasanen fördern außerdem Selbsterkenntnis und Bewusstsein.

## Fische

Im Westen glaubt man, dass Fische Erkenntnisse über das Wirken des Unterbewusstseins erbringen, weil sie im Wasser leben, das als starkes Symbol des Unbewussten gilt. Fische können außerdem Fruchtbarkeit, Leben, Emotionen und das Göttliche symbolisieren. Die Verbindung zu Gott rührt wahrscheinlich daher, dass der Fisch eines der ältesten Symbole Jesu Christi ist, was wohl dadurch zustande kam, dass Christen im Wasser getauft werden. Eine weitere mögliche Herkunft rührt daher, dass die Anfangsbuchstaben der griechischen Worte für „Jesus Christus, Gottes Sohn, Erlöser (*Iesous Christos Theou Hyios Soter*) zusammen das Wort *Ichthys* ergeben, was auf Griechisch „Fisch" heißt.

Jesus sprach zu Simon und Andreas: „Folgt mir, ich will euch zu Menschenfischern machen" (Matthäus 4, 19). Möglicherweise wurde der Fisch aber auch zum Symbol, seit Jesus mit fünf Gerstenbroten und zwei kleinen Fischen fünftausend Menschen speiste (Matthäus 14, 17; Markus 6, 38; Lukas 9, 13 und Johannes 6, 9).

In den Träumen der meisten Menschen sind Fische bunt und schön. Es besteht aber kein Anlass zur Sorge, wenn die Fische in deinem Traum matt und unattraktiv sind oder in schmutzigem Wasser schwimmen. Dies ist ein Hinweis darauf, dass du gut zu dir sein und einen Tag nach dem anderen angehen solltest, bis es in deinem Leben wieder besser läuft.

Fische haben natürlich auch einen Bezug zum Sternzeichen Fische, dem zwölften Zeichen des Tierkreises. Die Sonne durchläuft die Fische zwischen dem 18. Februar und dem 20. März. Daher kann jemand, der sich für Astrologie interessiert, also durchaus einen in diesem Zeichen geborenen Menschen im Traum als Fisch sehen.

Im Osten symbolisieren Fische Wohlstand und Fülle. Die chinesischen Worte für „Fisch" und „Überfluss" sind gleichlautend. Deshalb ist ein Fischtraum ein Zeichen künftigen Wohlstands. Ein Traum von zwei Fischen, die im Wasser schwimmen, ist ein Hinweis auf eine sehr gut passende sexuelle Beziehung sowie auf Glück und Harmonie.

Carl Gustav Jung glaubte, dass Fische eine tiefe Ebene unseres Unbewussten symbolisieren. Daher deuten Fische auf tief verborgene Ängste, Sorgen, Hoffnungen und Wünsche hin, die noch nicht ins Bewusstsein gedrungen sind.

Es ist ein Anzeichen von Fruchtbarkeit und guten Beziehungen, wenn du von vielen Fischen träumst. Schwimmen die Fische in klarem Wasser, so bedeutet dies, dass es um deine Finanzen bald besser bestellt sein wird.

Ein Traum vom Angeln ist ein Hinweis darauf, dass du unterdrückte Gefühle entdeckst. Wenn du einen Fisch isst, bedeutet dies, dass du mit deinen Fortschritten im Leben glücklich und zufrieden bist.

Wenn in einem Traum Fische vielfältigster Art auftauchen, ist dies ein Vorzeichen eines ausgefüllten Soziallebens.

Der bekannte viktorianische Journalist Frederick Greenwood (1830-1909) berichtet in seinem Buch *Imagination in Dreams* von einem wiederkehrenden Fisch-Traum:

„Ich träume, dass ich über die Felder gehe. Heiter und absichtslos schlendere ich über ebenmäßige Wiesen und komme schließlich an einen schmalen Bach; die ganze Szenerie nimmt sich genauso aus wie die Landschaft, in die sich die Angler in Hampshire zurückziehen. Aber ich bin kein Fischer und vermag vom Rutenangeln nur als einem stumpfsinnigen Vergnügen zu denken, über das zu einer alten Melodie eine Menge poetischer Unsinn gesungen wird. Doch wie ich in den Bach schaue und viele gute Fische darin schwimmen sehe, wünsche ich mir Rute und Eimer. Kaum ist der Wunsch geweckt, wächst er sich auch schon zum Eifer aus, denn die Fische werden zusehends größer und immer noch zahlreicher. Nicht mehr lange und man kann sie mit einem Eimer herausholen, noch ein wenig später lassen sie sich womöglich mit einer Malzschaufel ans Ufer werfen. Gestalt und Größe schnell von der gut ein Pfund schweren Forelle zu großäugigen, weitmäuligen, dorschartigen Ungeheuern wechselnd, füllen sie im Moment das ganze Bachbett aus – füllen es übervoll zu einem schrecklichen, verschmachtenden Haufen; der nur einen Augenblick später noch schrecklicher wird, wenn die abscheulichen Geschöpfe sterben und zerfallen. Ein unerträglicher Anblick, auf den sofort die Erleichterung des Erwachens folgt. Doch den Schmutz und Schrecken der Bilder abzuschütteln, sollte erst Stunden später gelingen. Im Abstand von Monaten oder häufiger von Jahren hat sich dieser Traum viele Male wiederholt, ohne dass sich auch nur die kleinste Einzelheit geändert hätte.“[6]

Siehe auch Aal, Delphin, Hai, Krake, Lachs, Meerjungfrau und Wal.


## Flamingo

Flamingos sind Watvögel, die oft auf einem Bein stehen, wobei sie das andere Bein unter ihren Körper schieben.

Ein Traum von einem Flamingo ist ein Anzeichen dafür, dass du in deinem Leben Balance und Gleichgewicht suchst. Träumst du von einem rosa Flamingo, so zeigt dies, dass deine Seele in dieser Inkarnation Fortschritte macht und sich weiterentwickelt.

## Fledermaus

Fledermäuse sind die einzigen Säugetiere, die Flügel haben. Sie leben in Höhlen und symbolisieren das Unbekannte. Da Höhlen als Tore zum Jenseits galten, hielt man Fledermäuse für unsterblich. Weil sie am Abend aufwachen, haben sie auch eine sexuelle Konnotation. Wenn du von einer oder mehreren Fledermäusen träumst, so ist dies ein Hinweis darauf, dass du deiner Intuition vertrauen und dich nach ihr richten solltest. Die Fledermaus zeigt ein Potenzial für spirituelles oder mystisches Wachstum an.

Wirkte die Fledermaus in deinem Traum angsteinflößend, dann ist dies eine Warnung, dass du bei einer Situation oder Person genauer hinsehen solltest, bevor du dich allzu sehr darauf einlässt.

Auch wenn die Fledermaus im westlichen Volksglauben in einem eher finsteren Ruf steht, gilt sie im Osten doch als sehr gutes Zeichen und als einer der wichtigsten Glücksbringer. Dies liegt daran, dass sowohl das Wort für Fledermaus als auch das Wort für Glück im Chinesischen *fu* ausgesprochen wird. In der chinesischen Kunst werden oft fünf Fledermäuse als Symbol der fünf Segnungen dargestellt – langes Leben, Wohlstand, Gesundheit, Tugendhaftigkeit und ein schmerzfreier Tod.

Im Osten gilt ein Traum von einer Fledermaus als Vorzeichen kommenden Glücks. Je mehr Fledermäuse im Traum vorkommen, desto größer wird das Glück. Sieht man in einem Traum fünf Fledermäuse auf einmal, so gilt dies als Zeichen unglaublicher Freude und großer Glückseligkeit.

## Fliege

Die Gemeine Stubenfliege ist seit jeher mit Unrat, Verwesung und Tod verbunden. Deshalb galt ein Fliegentraum früher als Omen für den baldigen Tod des Träumers. Beelzebub, ein in der Bibel erwähnter Teufel, wurde oft als Fliege dargestellt. Durch ihre Ausscheidungen sowie ihren Speichel und weil sie über Nahrungsmittel krabbeln, verbreiten Fliegen Cholera, Ruhr, Tuberkulose, Typhus und viele andere Krankheiten. Auf der positiven Seite sorgen sie für die Weiterverwertung toter und verwesender Materie.

Heute sind Fliegen als Traumsymbole meist negativ besetzt. Wenn du von einer Fliege träumst, ist dies ein Hinweis darauf, dass andere versuchen, dich zu beeinflussen und vielleicht sogar emotional zu erpressen. Womöglich bist du aber auch von negativen Menschen umgeben. Ein Traum von einer einzelnen Fliege verleiht dir die Fähigkeit, ein Problem mit einem schnellen Schachzug zu lösen. Träumst du von vielen Fliegen, so bedeutet dies, dass du viel zu sehr mit Alltagsdingen beschäftigt bist, um Zukunftspläne zu schmieden.

Im Osten symbolisiert das scheinbar sinnlose Umherschwirren einer Fliege eine wandernde, ruhelose Seele.

## Flusspferd

Das Hippopotamus oder Flusspferd (auch Nilpferd) ist ein großes und starkes Tier, das bis zu viereinhalb Tonnen wiegen kann. Im alten Ägypten galt das männliche Nilpferd wegen seines ungeheuren Appetits als Symbol der Brutalität und des Bösen. Allerdings kannten die Ägypter auch die schwangere Nilpferd-Göttin Taueret, die sich um Fruchtbarkeit, Geburt, Frauen und kleine Kinder kümmerte.

Weil das Flusspferd ein geselliges Tier ist, kann es als Traumbild ein Hinweis auf anregende und lohnende Unternehmungen in Gesellschaft sowie auch auf Kreativität sein. Das Hippopotamus ist ein ungeheuer starkes Tier, das normalerweise seinen Willen durchsetzt. Daher kann ein Traum von einem Flusspferd auch ein Anzeichen dafür sein, dass du deine Ziele ohne besonderen Widerstand erreichen wirst.

Ist das Hippo in deinem Traum wütend oder aggressiv, kann es sein, dass eine dir nahestehende Person sich Sorgen macht, beunruhigt oder wütend ist. Du solltest Unterstützung und Hilfe anbieten.

Wenn das Flusspferd in deinem Traum teilnahmslos und unglücklich wirkt, dann machst du dir vielleicht Gedanken wegen deines Gewichts. Allerdings kann es auch bedeuten, dass etwas, womit du zu tun hast, länger dauert, als dir lieb ist.

## Frettchen

Das Frettchen ist ein kleines, neugieriges, wieselähnliches Tier, das aus irgendwelchen Gründen in dem ungerechtfertigten Ruf der Arglist und Unehrlichkeit steht. Ein Traum von einem Frettchen weist darauf hin, dass einem dir nahestehenden Menschen nicht zu trauen ist, weil er dich in gewisser Weise untergräbt.

## Frosch

In Mesopotamien stand der Frosch für Fruchtbarkeit. Im alten Ägypten symbolisierten Frösche die Reinkarnation. Die frühchristliche Kirche assoziierte den Frosch mit dem Teufel.

In Korea glaubt man, dass der Traum von einem Frosch die Geburt eines Sohnes ankündigt. In Japan gilt ein Froschtraum als Vorzeichen nahenden Glücks.

In Träumen haben Frösche fast immer eine sexuelle Konnotation. Sie zeigen, dass der Träumer seine negative Einstellung zum Sex überwinden und anfangen sollte, das Leben froh und befreit zu genießen.

Außerdem stehen Frösche für Transformation. Sie zeigen, dass du bestimmte Aspekte der Vergangenheit loslässt und wieder mit Zuversicht nach vorne schaust.

## Fuchs

Der Fuchs gilt auf der ganzen Welt als hinterlistiges und gerissenes Tier. Nicht umsonst bezeichnet das deutsche Wort „ausgefuchst" einen erfahrenen und trickreichen Menschen oder Plan. In chinesischen Märchen heißt es, wenn ein Fuchs fünfzig Jahre alt geworden ist, kann er sich in eine Frau verwandeln. Im Alter von hundert Jahren kann er zum jungen Mädchen werden und mit tausend Jahren wird er zum Himmelsfuchs. Man glaubte, böse Geister ritten auf dem Rücken eines Fuchses. In China ist ein Traum von einem Fuchs kein gutes Zeichen, denn er deutet auf eine mögliche Geschlechtskrankheit hin. In den Sagen der amerikanischen Ureinwohner wird der Fuchs als Trickster dargestellt, also als „göttlicher Schelm", dem nicht so recht zu trauen ist, der die Ordnung durcheinanderbringt, durchaus auch Konflikte schürt, letztendlich aber Gutes bewirkt. Außerdem soll er seine Gestalt beliebig wandeln können.

Im Westen gilt ein Fuchs-Traum als Vorzeichen einer Gefahr. Er könnte auch darauf hindeuten, dass andere dich als hinterlistig und verschlagen wahrnehmen und du offener und ehrlicher sein musst.

Es gibt allerdings auch positive Deutungen. Füchse sind schlaue, intelligente und vorsichtige Tiere mit ausgezeichneten Überlebensfertigkeiten. Füchse können ein Hinweis darauf sein, dass du vorsichtig sein und nur dann handeln solltest, wenn du sicher bist, dass der richtige Zeitpunkt für einen Schachzug gekommen ist. Wenn du in deinem Traum einen Fuchs jagst oder fängst, dann ist dies ein Anzeichen dafür, dass du deinen Feinden und allen, die dir nichts Gutes wünschen, zehn Schritte voraus bist. Es ist ein Vorzeichen eines erfreulichen gesellschaftlichen Ereignisses, wenn du träumst, dass du dich mit einer Reitergruppe an einer Fuchsjagd beteiligst.

## Furien

In der römischen Mythologie waren die Furien geflügelte Sagengestalten mit Schlangenhaar (in der griechischen Mythologie kannte man sie als die Erinnyen). Man nannte sie „Gaias Töchter", und es hieß, sie seien bereits voll ausgebildet aus dem Blut des Uranus hervorgegangen. Daher tropfte Blut aus ihren Augen. Weitere Bezeichnungen waren „Töchter der Nacht" und „Töchter der Finsternis". Ihre Namen lauteten Tisiphone (die Rächerin des Blutes), Alekto (die Unerbittliche) und Megaira (die Eifersüchtige). Die Furien übten Rache für alle ungesühnten Verbrechen oder für solche, die eher im ethischen als im juristischen Sinne im Unrecht waren. Ihre Macht war so groß, dass sie einen Menschen auch noch weit über seinen Tod hinaus bestrafen konnten.

Wenn du von den Furien träumst, ist dies ein Anzeichen dafür, dass du geschehenes Unrecht wiedergutmachen musst. Dazu brauchst du Mut und Durchhaltevermögen, und du wirst nicht viel Hilfe von anderen erhalten.

## Gans

Als ich in London lebte, hatte ich das Glück, direkt an der Themse zu wohnen. Morgens musste ich meistens an einer äußerst aggressiven Gans vorbei, um zum Bahnhof zu kommen. Hin und wieder verpasste ich meinen Zug, weil der Ganter weder mich noch die anderen Pendler vorbei ließ. Gänse sind daher für mich gemeine, bösartige Vögel. Dennoch finde ich, dass Gänse auf dem Wasser oder im Flug gelassene Erhabenheit ausstrahlen.

Nach römischer Überlieferung rettete im Jahr 387 v.u.Z. ein Gänseschwarm die Hauptstadt, weil die Tiere Alarm schlugen und so die Wachen auf einen Angriff der gallischen Armee aufmerksam machten. Seither wurden in Rom heilige Gänse gehalten. Sie waren der Juno geweiht und galten als Symbol für Liebe, Fruchtbarkeit und eine glückliche Ehe sowie für Wachsamkeit.

Zum Teil aufgrund dieser römischen Überlieferung gilt die Gans bis heute als Symbol einer glücklichen Ehe. Der Hauptgrund für diese Deutung ist jedoch, dass Gänse in ihrem Leben nur einen einzigen Partner haben. Bilder von zwei fliegenden Gänsen sind ein beliebtes Hochzeitsgeschenk, weil sie für eine lange und glückliche Ehe stehen. Träumt man von Gänsen, so ist dies ein Anzeichen für eine lange und glückliche Verbindung.

**Gargoyle**
Siehe Wasserspeier

**Geier**
Im alten Ägypten beschützte der Geier die Pharaonen, und der Halsschmuck der Pharaonin stellte einen Geier dar. Nechbet, die Schutzgöttin Oberägyptens, wurde oft in Gestalt eines Geiers porträtiert. Nach der griechischen Mythologie konnte Zeus sich in einen Geier verwandeln. In der römischen Mythologie war der Geier dem Kriegsgott Mars heilig, und einen Geier zu töten, galt als

Straftat. Die ersten Christen verbanden den Geier mit Jungfräulich-
keit, weil sie glaubten, seine Eier würden vom Ostwind befruchtet.
So verwundert es nicht, dass man den Geier der Jungfrau Maria
zuordnete. Bei den Maya galt der Geier als Symbol des Todes.

Wenn du von einem Geier träumst, so bedeutet dies, dass etwas
zu Ende geht, sich daraus aber etwas Besseres entwickelt. Aus dieser Erfahrung lernst du, dass es sich für dich in Zukunft als hilfreich erweisen kann, wenn etwas endet.

## Gepard

Die alten Ägypter verehrten den Gepard, und er ist auf vielen Grab-
zeichnungen zu sehen. In das Bett, auf dem König Tutanchamun
in seinem Grab liegt, waren Gepardenköpfe geschnitzt. Die alten
Ägypter bildeten Geparden zur Antilopenjagd aus und belohnten
sie für jeden erfolgreichen Riss mit Butter.

Geparden sind berühmt für ihre Geschwindigkeit und gelten als
die schnellsten Landtiere überhaupt. Diese Geschwindigkeit haben
sie entwickelt, weil sie im Gegensatz zu den meisten anderen Katzen tagsüber jagen. Wenn du also von einem Gepard träumst, ist
dies ein Hinweis darauf, dass du schnell und entschlossen handeln
musst, um eine bestimmte Situation zu klären, die sich in deinem
Leben gerade abspielt. Falls du von Natur aus eher ängstlich bist
und nur handelst, wenn dir nichts mehr anderes übrig bleibt, kannst
du dadurch gezwungen sein, deine Komfortzone zu verlassen.

## Giraffe

Manche Giraffen werden bis zu sechs Meter groß, was die Art zum
höchsten Tier der Welt macht. Diese Höhe spielt in der Traumdeutung eine wichtige Rolle. Wenn du von einer Giraffe träumst, dann

möchtest du eine bestimmte Situation vielleicht aus einer anderen Perspektive betrachten. Vielleicht möchtest du dich über kleinliche Querelen und Streit mit anderen erheben. Womöglich möchtest du sogar sehen, was hinter dem Horizont liegt. Es könnte aber auch sein, dass du nach oben schaust und eine spirituelle Dimension im Leben suchst.

## Glühwürmchen

Glühwürmchen sind geflügelte Insekten, die an ihrem Hinterleib Licht erzeugen. Ein Traum von einem Glühwürmchen ist ein positives Zeichen, denn er zeigt, dass du die Fähigkeit hast, gut mit anderen auszukommen und in der Dunkelheit stets ein Licht finden wirst.

## Gockel

Siehe Hahn.

## Grashüpfer

In China gilt es als Glückszeichen, wenn sich ein Grashüpfer im Haus oder in der Wohnung aufhält (siehe auch Grille).

Grashüpfer können Sprünge von annähernd dem Zwanzigfachen ihrer Körperlänge machen. Kinder glauben, Grashüpfer würden spielen, wenn sie dies tun, daher wurde der Grashüpfer zum Symbol der Freude. Wenn du von einem Grashüpfer träumst, dann ist dies ein Anzeichen dafür, dass dir in deinem Leben Freude fehlt. Ein Traum von einem ganzen Grashüpfer-Schwarm hingegen bedeutet, dass du dich selbst ausbremst, weil du übermäßig streng und nachtragend bist.

## Greif

Der Greif ist ein Fabeltier mit Kopf und Beinen eines Adlers, aber dem Körper eines Löwen. Auch seine Klauen sind die eines Adlers. Weibliche Greife haben Adlerschwingen, die selten dargestellten männlichen Greifen hingegen sind gewöhnlich flügellos. Der Adler gilt als der König der Vögel und der Löwe als der König der Tiere, was den Greif zu einem besonders starken Symbol macht. Greife waren der Sonne heilig und hatten die Aufgabe, versteckte Schätze zu schützen. Der Greif lebt in den Elementen Luft und Feuer, da der Adler der Luft und der Löwe dem Feuer entspricht. Der Greif symbolisiert Stärke, Großzügigkeit, ewige Wachsamkeit und göttliche Macht.

In China ist der Greif ein Symbol für Erleuchtung und Weisheit. Im Christentum galt der Greif als Symbol Jesu, der ja zugleich Mensch und Gott war.

Ein Traum von einem Greif ist ein Hinweis darauf, dass du wesentlich mehr erreichen kannst, als du im Moment anstrebst. Er zeigt, dass du dir höhere Ziele setzen solltest denn je, dass du einen Plan schmieden und dann fleißig daran arbeiten solltest, deine neuen, höheren Ziele zu erreichen.

## Grille

In China gilt die Grille als Symbol von Tod und Wiedergeburt, da sie ihre Eier im Boden ablegt und nach dem Larvenstadium als erwachsenes Insekt daraus hervorkriecht. Wie in vielen Mittelmeerländern gilt es auch in China als ein Glückszeichen, wenn sich eine Grille in der Wohnung häuslich niederlässt.

Grillen stehen für Freude und Fröhlichkeit. Wenn du von einer Grille träumst, ist dies ein Anzeichen dafür, dass du viel Schönes und viele Freuden, die das Leben zu bieten hat, verpasst. Es ist ein Hinweis darauf, dass du dein Leben neu überdenken und das Glück öfter in den kleinen Dingen suchen solltest.

## Gürteltier

Das Gürteltier ist ein kleines Säugetier mit einer knöchernen äußeren Panzerung. Zwar sehen Gürteltiere so aus, als ob sie ganz von ihrer schuppenähnlichen Rüstung umhüllt wären, doch ihre Bauchseite ist fellbedeckt. Gürteltiere haben scharfe Krallen, mit denen sie nach Nahrung graben und sich Wohnhöhlen anlegen. Sie sehen schlecht und haben kurze Beine. Alle zwanzig Gürteltierarten leben auf dem amerikanischen Doppelkontinent. Sie gehören zu den ältesten Tierarten überhaupt, denn es gibt sie seit annähernd sechzig Millionen Jahren.

Der englische Dichter und Künstler Dante Gabriel Rossetti (1828-82) hielt zwei Gürteltiere als Haustiere. Eines grub sich einen Gang in die Küche seiner Nachbarin, die daraufhin überzeugt war, sie habe den Teufel gesehen.

Es ist ein gutes Zeichen, wenn du von einem Gürteltier träumst, denn es zeigt, dass du auf Schritt und Tritt beschützt bist. Außerdem zeigt es, dass du Mitgefühl und Verständnis besitzt.

## Habicht

Der ägyptische Schöpfergott Amun Ra zählte den Habicht zu seinen wertvollsten Besitztümern. Im alten Griechenland war er Apollons Bote. Der Habicht symbolisiert Geschwindigkeit, Energie, Intuition und Aggression. Im Mittelalter verwendeten christliche Künstler den Habicht als Symbol des Todes.

Ein Traum von einem Habicht macht deutlich, dass du mehr Eigeninitiative zeigen sowie entschlossener und bestimmter auftreten musst. Außerdem solltest du dein Leben langfristig betrachten. Wenn du dies tust, erscheinen zuvor unüberwindliche Hindernisse plötzlich klein und unbedeutend.

## Hahn

Weil er bei Tagesanbruch kräht, wird der Hahn seit jeher mit der Sonne verbunden. Außerdem ist er ein Fruchtbarkeitssymbol und ein Sinnbild männlicher Sexualität. Sein Ruf als Fruchtbarkeitssymbol gereicht ihm nicht immer zum Vorteil. Selbst heute soll es in Europa vereinzelt noch vorkommen, dass ein frisch abgeerntetes Feld mit dem Blut eines Hahns gedüngt wird, um eine reiche nächste Ernte zu sichern.

Wenn du von einem Hahn träumst, ist dies ein Hinweis darauf, dass du offener und selbstbewusster sein musst, damit du bekommst, was dir zusteht. Nicht umsonst heißt es in einer sarkastischen Wendung: „Die Sanftmütigen werden das Erdreich besitzen, wenn alle anderen es abgegrast haben." Sei notfalls ruhig forsch, damit auch deine eigenen Bedürfnisse nicht zu kurz kommen.

Der Hahn ist das zehnte Zeichen im chinesischen Tierkreis. Als Traumsymbol ist er ein Glückszeichen, weil er traditionell das Böse vertreibt und den Träumer beschützt. Außerdem ist der Hahn ein Vorzeichen für Anerkennung und Erfolg. Ein weißer Hahn auf einem Sarg bedeutet, dass keine Dämonen eindringen können. Ein roter Hahn soll vor dem Feuer schützen. Hahnenkämpfe sind in China ein beliebter, obwohl offiziell verbotener Sport. Weil der Hahn in China als sehr glücksbringendes Tier gilt, werden Hähne nicht geschlachtet und gegessen wie im Westen.

Da der Kamm von Hähnen und Hühnern an eine Krone erinnert, werden sie oft mit Staatsbeamten oder Militäroffizieren in Verbindung gebracht. Wenn du von Hühnern träumst, bedeutet dies daher, dass du beruflich weiterkommst. Dasselbe gilt, wenn du von einem Hahn träumst, doch ist die Beförderung in diesem Fall nicht erfreulich. Ein Traum von kämpfenden Hühnern bei dir zu Hause, ist ein Vorzeichen von Streit und Unstimmigkeiten mit anderen Familienangehörigen.

Siehe auch Huhn.

## Hai

Haie sind stark und sehr zielstrebig in dem, was sie sich vorgenommen haben. Wenn der Hai in deinem Traum nicht bedrohlich ist, dann ist er ein Hinweis darauf, dass du dir lohnende Ziele setzen und deinen Träumen nachgehen solltest.

Haie symbolisieren normalerweise Ängste, die häufig verborgen sind, aber unmittelbar unterhalb der Bewusstseinsschwelle liegen. Auch wenn du vielleicht so tust, als gäbe es sie nicht, wirst du dich schließlich doch mit ihnen auseinandersetzen müssen. Wenn Haie in deinem Traum vorkommen, ist dies eine Mahnung, dass du eher früher als später handeln solltest.

Wenn du in haiverseuchtem Gewässer segelst, dann gelingt es dir, mit einer schwierigen Situation erfolgreich umzugehen. Du wirst sie überstehen, ohne dass dein Ansehen Schaden nimmt.

## Hase

Der Hase symbolisiert den Mond, da er tagsüber schläft und nachts aktiv ist. Weil er sehr fruchtbar ist, ist er außerdem eng mit Mutter Erde verbunden. Wegen seines unersättlichen sexuellen Appetits galt der Hase als Lieblingstier der griechischen Liebesgöttin Aphrodite. Im mittelalterlichen Europa glaubte man, wie Katzen seien auch Hasen die Schutzgeister von Hexen. Wenn Hexen anderen etwas antun wollten, so hieß es, könnten sie sich in einen Hasen verwandeln. Daher galt es als Unglück bringend, wenn einem ein Hase über den Weg lief. Aus dieser Zeit stammt der Brauch, immer eine Hasenpfote als Glücksbringer bei sich zu haben, weil man glaubte, damit Hexenzauber abwehren zu können.[7]

Der Hase ist das vierte Zeichen im chinesischen Tierkreis. Weil er sich so reichlich fortpflanzt, symbolisiert er Fruchtbarkeit, Sexualität und rasche Vermehrung.

Ein Traum von einem Hasen oder Kaninchen ist ein Zeichen, dass alles, was dir wichtig ist, in naher Zukunft rasche Fortschritte erzielen wird. Du wirst potenzielle Gefahren abwehren und dich ganz auf dein Ziel konzentrieren können. Kaninchen und Hasen sind auch ein Hinweis darauf, dass du regeren Gebrauch von deiner Intuition sowie von deiner Kreativität und Fantasie machen solltest. Wenn du im Traum einen Hasen oder ein Kaninchen fängst, dann gewinnst du etwas Wertvolles. Wenn dir aber umgekehrt ein Kaninchen oder Hase entwischt, verlierst du etwas Wertvolles. Träume von einem Kaninchen als Haustier deuten darauf hin, dass du geschätzt, umsorgt und geliebt werden möchtest.

## Heuschrecke

Heuschreckenträume sind ein Hinweis auf unerwartete Schwankungen bei Glück und Wohlstand. Sie deuten auf Sorgen, Stress und finanzielle Schwierigkeiten hin. Sie zeigen allerdings auch, dass du die Fähigkeit hast, notfalls schnell eine andere Richtung einzuschlagen.

## Hippogreif

Der Hippogreif ist ein Fabelwesen, halb Greif und halb Pferd. Er hat den Kopf eines Adlers und den Leib eines Pferdes. Seine Schwingen sind mit Federn besetzt, und seine Klauen sind die eines Adlers. Der Hippogreif symbolisiert Liebe und alles, was unmöglich ist.

Ein Traum von einem Hippogreif ist ein Anzeichen dafür, dass du im Begriff bist, dich in jemanden zu verlieben, den du entweder bisher gar nicht wahrgenommen oder aber übersehen hast. Deine Liebe wird erwidert werden, und eure Beziehung wird stetig wachsen und gedeihen.

## Hirsch

Auf der symbolischen Ebene ist mit diesem Begriff das männliche Tier der Hirsche gemeint. Hirsche faszinieren die Menschen seit Jahrtausenden, weil sie ihr Geweih im jährlichen Zyklus erneuern. Auf steinzeitlichen Höhlenzeichnungen sind oft Hirsche zu sehen, aber auch Menschen, die Geweihe und Felle von Hirschen tragen. Die Kelten glaubten, dass Hirsche Seelenführer seien und diesen beim Übergang ins Jenseits helfen.

Gehörnte Tiere sind traditionell mit der männlichen Sexualität verbunden. Deshalb werden Hörner oft zu Pulver zerrieben und als Aphrodisiakum verwendet. Aus demselben Grund werden Hirsche auch mit Fruchtbarkeit, Potenz, Leidenschaft und Kraft in Verbindung gebracht.

Im Mittelalter galt der Hirsch hingegen als Zeichen der Reinheit. Sowohl vom heiligen Eustachius (Anfang des 2. Jahrhunderts u.Z.) als auch von St. Hubertus (656-727) heißt es, sie seien Christ geworden, nachdem sie im Geweih eines Hirsches ein leuchtendes

Kruzifix gesehen hätten. König Richard II. (1367-1400) wählte einen weißen Hirsch zu seinem Wappentier.

Weil Hirsche als Einzelgänger leben, sind sie darüber hinaus zu einem Symbol von Einsamkeit und Melancholie geworden.

Ein Traum von einem Hirsch ist meist ein Anzeichen unterdrückter Sexualität. Er kann aber auch ein Hinweis auf eine selbst auferlegte Einsamkeit sein, die bereits länger anhält, als dir guttut.

Siehe auch Rehe.


## Huhn

Haushühner findet man auf der ganzen Welt, und das Huhn spielt eine wichtige Rolle in der menschlichen Ernährung. Hühner sind praktisch flugunfähig, daher ist ein Traum von einem Huhn ein Hinweis darauf, dass du auf dem Boden festsitzt und vorübergehend die Verbindung zu deiner spirituellen und intuitiven Seite verloren hast.

Da Hühner auch mit Feigheit verbunden werden, könntest du deshalb auf dem Boden festsitzen, weil du Angst oder Bedenken hast, eine bestimmte Gelegenheit zu ergreifen.

Eine Henne mit Küken ist ein Zeichen häuslichen Glücks. Dieses Traumbild kann auch mit Gefühlen aus deiner frühen Kindheit zusammenhängen.

Siehe auch Hahn.


## Hund

Hunde haben sich aus Wölfen entwickelt und wurden vor etwa zwölf- bis vierzehntausend Jahren erstmals domestiziert. Die alten Ägypter glaubten, dass Hunde als Führer und Boten in der Unterwelt wirkten. Außerdem konnten sie Nachrichten von den Lebenden an die Toten übermitteln. Die Griechen kannten den zwei- oder dreiköpfigen Hund Zerberus, der den Eingang zum Hades bewachte. Er ließ die Lebenden nicht hinein und die Toten nicht heraus.

Wie auch bei Katzen haben deine persönlichen Empfindungen gegenüber Hunden eine wesentliche Auswirkung auf ihre Deutung als Traumbild. Wenn du Hunde magst, geht es in deinen Hundeträumen um Freundschaft, Hingabe, Loyalität und Treue. Wenn der Hund dich ableckt, ist dies ein Anzeichen dafür, dass alte emotionale Wunden geheilt werden. Bellt der Hund freudig, bedeutet dies, dass du bei anderen willkommen und akzeptiert bist. Bellt der Hund jedoch, weil er wütend ist, deutet dies auf bevorstehende Probleme hin. Ein Traum von zwei kämpfenden Hunden ist ein Hinweis auf Probleme zwischen Freunden oder Familienangehörigen. Ein großer Hund steht für Schutz. Ein kleiner Hund deutet jedoch auf mangelnde Selbstsicherheit hin. Träumst du von deinem eigenen Hund, so weist dich der Traum auf die positiven Eigenschaften hin, über die du verfügst. Ein Traum von einem oder mehreren Welpen ist immer ein positives Zeichen und symbolisiert Energie, Begeisterungsfähigkeit und Jugendlichkeit. Dies kann im Bezug zu deinen Gefühlen für deine eigenen Kinder stehen.

Ein Hundetraum ist für viele Menschen ein Zeichen für Liebe und Hingabe. Diese Menschen hatten oft eine unglückliche Kindheit und glauben vielleicht, sie hätten damals einzig und allein vom Hund der Familie Liebe erfahren.

Ein Traum von einem schwarzen Hund kann ein Anzeichen für Traurigkeit, Depression und Einsamkeit sein.

Wenn du Hunde nicht magst, dann sind die Hunde, die du im Traum siehst, wahrscheinlich aggressiv. Dies ist ein Anzeichen dafür, dass dir am Arbeitsplatz jemand das Leben schwer macht, sehr wahrscheinlich aus Neid.

Der Hund ist das elfte Zeichen im chinesischen Tierkreis. Traditionell heißt es, wenn dich im Traum ein Hund beißt, dann bedeutet dies, dass deine verstorbenen Vorfahren Hunger haben und du ihnen Opfergaben in Gestalt von Essen und Geld darbringen musst. Läuft im Traum ein Hund auf dich zu, so ist dies ein gutes Omen, denn es bedeutet, dass du einmal reich wirst. Träumst du von einem schlafenden Hund, so ist dies ein Zeichen der Treue und des Schutzes. Es zeigt eine starke, stabile Beziehung an.

Ein Traum von einem knurrenden oder aggressiven Hund ist allerdings kein gutes Omen. Er ist ein Anzeichen von Streit und Schwierigkeiten in der Familie.

### Hüttensänger (Vogel)

Die kleinen Vögel mit dem intensiv blau gefärbten Rücken symbolisieren Glück und eine positive Lebenseinstellung. Wenn du also von ihnen träumst, ist dies ein Anzeichen dafür, dass du deine Ziele erreichst und dir das Leben schaffst, das du dir wünschst. Ein Traum von einem Hüttensänger besagt normalerweise, dass du froh bist und das Leben genießt. Falls du im Moment unglücklich bist oder es dir nicht gut geht, kann er allerdings auch darauf hinweisen, dass du eine positive Lebenseinstellung entwickeln solltest.

### Hyäne

Bei den alten Ägyptern wurde die Hyäne verehrt, weil man glaubte, in ihren Augen befände sich ein kostbarer Edelstein, die sogenannte *Hyaenia*. In Afrika hat die Hyäne zwei gegensätzliche symbolische Bedeutungen. Weil sie lauert und von Aas lebt, steht sie für Feigheit. Da sie aber einen kräftigen Kiefer, ein ausgezeichnetes Sehvermögen und einen bemerkenswerten Geruchssinn besitzt, symbolisiert sie zugleich Wissen und Stärke. Viele glauben, weil sie die

Knochen toter Tier frisst, sei ihr Bauch voller verlorener Seelen und ihr Geheul daher dämonisch.

Wenn du von einer Hyäne träumst, deutet dies auf emotionale Probleme hin, mit denen du dich umsichtig befassen solltest. Es kann aber auch ein Hinweis darauf sein, dass andere dich ausnehmen.

## Hydra

Die Hydra ist ein Geschöpf aus der griechischen Mythologie, eine neunköpfige Wasserschlange. (Zuweilen heißt es aber auch, sie habe sogar hundert Köpfe.) Ihr Atem war so giftig, dass jeder, der in ihre Nähe kam, daran zugrunde ging. Es war sehr schwierig, sie zu töten, denn immer wenn man ihr einen Kopf abschlug, wuchsen zwei neue nach. Die Tötung der neunköpfigen Hydra oder Lernäischen Schlange, die in einem Sumpf beim Lernasee lebte, war die zweite Arbeit des Herakles. Sie gelang ihm mithilfe seines Wagenlenkers, der jeden Hals ausbrannte, sobald Herakles den Kopf abgeschlagen hatte.

Ein Traum von einer Hydra ist ein Anzeichen dafür, dass du vor einem scheinbar unüberwindlichen Problem stehst, das bei genauerem Hinsehen nur *noch* komplizierter wird. Du solltest in der Sache noch einmal sehr genau hinschauen und das Problem dann nach und nach lösen, indem du immer nur einen kleinen Schritt auf einmal unternimmst.

## Ibis

Der Ibis ist ein langbeiniger Watvogel mit weißem Körper sowie schwarzem Kopf und Schwanzgefieder. Im alten Ägypten wurde er verehrt. Er war mit dem Gott Thoth verbunden, der häufig als Mann mit Ibiskopf dargestellt wurde.

Ein Traum von einem Ibis steht für Lernen, Weisheit und Erleuchtung. Er weist auf ein Interesse an alten Lehren hin und zeigt, dass du dich spirituell weiterentwickelst.

## Igel

In China verbindet man den bescheidenen Igel mit dem Sturz eines ganzen Kaiserreichs, weil einst Kaiser Wu Cheng träumte, dass große Igel seine Heimat angriffen. Am nächsten Tag befahl er seinen Männern, jeden Igel in der Stadt zu töten. Mit der Zeit büßte Wu Cheng seine Beliebtheit ein, und die Menschen gaben ihm den Schimpfnamen „Igel". Seither gilt der arme Igel in China als Vorbote der Zerstörung. In Japan und Teilen Chinas soll er jedoch auch Wohlstand symbolisieren.

Im Mittelalter galt der Igel bei den Menschen in Europa als Symbol des Satans.

Ein Traum von einem Igel ist ein Hinweis darauf, dass du dich mit einer schwierigen Situation offen auseinandersetzen musst. Du kannst jetzt nicht mehr defensiv vorgehen (und deine Stacheln aufstellen) oder versuchen, das Problem zu leugnen (und dich zu einer Kugel einrollen). Die Lösung des Problems wird Zeit erfordern, aber das Ergebnis wird für dich positiv ausfallen.

Siehe auch Stachelschwein.

## Insekten

Viele Menschen träumen von Käfern und Insekten, die oft nur schwer zu identifizieren sind. Insekten zeigen, dass kleine Tiere durch Zusammenarbeit Großes erreichen können. Ein Insektentraum ist daher ein Hinweis darauf, dass du auf die kleinen Dinge im Leben achten und gut mit anderen zusammenarbeiten solltest.

Siehe Ameise, Biene, Glühwürmchen, Grashüpfer, Grille, Heuschrecke, Käfer, Kakerlake, Raupe, Schmetterling, Skorpion, Spinne, Tausendfüßler und Zikade.

## Jaguar

Der Jaguar ist eine von nur zwei Großkatzenarten auf dem gesamten amerikanischen Doppelkontinent. Jaguare sind Einzelgänger, und man bekommt sie nur selten zu sehen. Die Maya und Azteken verbanden den Jaguar mit Fruchtbarkeit, dem Mond, Zauberei und Mutter Erde. Der Jaguar ist außerdem mit dem Schamanen verbunden, und es heißt, die beiden könnten ihre Gestalt und sogar ihre Seele tauschen.

Ein Traum von einem Jaguar zeigt, dass du die notwendige Fähigkeit, Kraft, Durchsetzungsstärke und Erfahrung besitzt, um ein wichtiges Projekt, das du bisher aufgeschoben hast, zu bewältigen.

## Käfer

Über vierzig Prozent der auf der Welt bekannten Insekten sind Käfer. Es gibt mehr als dreihundertfünfzigtausend verschiedene Arten. Der berühmteste ist angeblich der Mistkäfer: Der heilige Skarabäus der alten Ägypter schob jeden Morgen die Sonne über den Horizont, so glaubte man. Weil die Sonne auf- und untergeht, wurde der Skarabäus mit Tod und Auferstehung verbunden. Diese tägliche Wiederkehr schenkt Hoffnung, ganz gleich, wie schrecklich die momentane Situation auch ist. Ein Traum von einem Käfer ist daher ein Anzeichen dafür, dass die Zukunftsaussichten freundlicher sind als die Gegenwart und diese bessere Zukunft durch eine positive Einstellung und Fleiß auch eintritt.

## Kakerlake

Kakerlaken gibt es bereits seit dreihundert Millionen Jahren und sie gehören zu den ältesten fossilen Insekten.[8] Obwohl die meisten Menschen sich vor Kakerlaken ekeln, betrachtet man sie in Teilen Frankreichs und Russlands als Schutzgeister. Ihre Ankunft ist ein Glückszeichen. Entsprechend gilt es als Unglückszeichen, wenn sie verschwinden.[9]

Ein Traum von Kakerlaken ist ein Anzeichen dafür, dass du anfängst, bisher unterdrückte Gefühle oder Emotionen zu verstehen und zu akzeptieren. Vielleicht müssen Situationen oder Erfahrungen aus der Vergangenheit noch einmal leidenschaftslos unter die Lupe genommen werden, um herauszufinden, was man daraus lernen kann.

## Kamel

Im Osten gilt das Kamel als faules Tier. Ein Traum von einem Kamel ist daher ein Hinweis darauf, dass etwas geschehen muss, was allerdings viel Arbeit und Mühe erfordert. Da das Kamel aber ebenfalls für Durchhaltevermögen steht, erlangt der Träumer auch die zur Erfüllung der Aufgabe notwendige Kraft und Energie. Kamele verfügen über die Kraft und Energie, lange Strecken zurückzulegen ohne zu trinken, weil sie Wasser in ihren Höckern speichern. In einem Traum kann dies auf eine Suche hindeuten, die zunächst schier endlos erscheint, am Ende aber zum Erfolg führt. Ein Traum von mehreren Kamelen ist ein Vorzeichen für künftigen Wohlstand, den man durch gute Geschäfte erlangt.

## Kanarienvogel

Kanarienvögel leben auf Madeira, den Azoren und den Kanarischen Inseln. Auf das europäische Festland kamen sie Anfang des 17. Jahrhunderts. Sie werden wegen ihres leuchtend gelben Gefieders und des schönen Gesangs der Kanarienhähne als Haustier gehalten.

Ein Traum von einem Kanarienvogel ist ein Hinweis darauf, dass etwas Unerwartetes dir viel Freude machen wird. Singt der Kanarienvogel in deinem Traum, ist dies ein Anzeichen von Glück, Liebe und Zufriedenheit.

## Känguru

Das Känguru ist berühmt für seine Fähigkeit, durch Sprünge auf seinen Hinterbeinen große Strecken zurückzulegen. Ein Traum von einem Känguru ist daher ein Hinweis darauf, dass du den „Sprung ins Unbekannte" wagen musst, wenn du bei einem bestimmten Unterfangen weiterkommen willst. Du solltest dir die Kraft, Schnelligkeit und Beweglichkeit eines Kängurus zunutze machen, um deine nächstliegenden Ziele zu erreichen.

## Kaninchen

Siehe Hase

## Katze

Die Katze ist schon seit über viertausend Jahren domestiziert. Die alten Ägypter verbanden sie mit den Göttinnen Isis und Bastet und beteten sie an. Man hat Zehntausende Katzenmumien entdeckt, was zeigt, wie sehr sie verehrt wurden.[10] Eine Katze zu töten, war in Ägypten ein Kapitalverbrechen, selbst wenn es aus Versehen geschah.

Im Osten gilt die Katze traditionell als Zeichen für Unglück und Gefahr. Dafür gibt es gleich mehrere Gründe. Es heißt, Katzen könnten im Dunkeln Geister sehen. In Teilen Chinas glaubt man, dass sie auf die Dächer der Häuser steigen und die Strahlen des Mondes stehlen. In Taiwan heißt es, man solle tote Katzen nicht beerdigen, da sie sich sonst in Dämonen verwandeln könnten. Springt eine Katze über einen Sarg, so glaubt man, der Verstorbene werde in der Gegend spuken.[11] Ein Katzentraum gilt daher als Warnung vor Problemen und Feindseligkeit.

Von einer Katze zu träumen, kann allerdings auch ein Hinweis auf ein langes Leben sein, da das chinesische Wort für „Katze" und „Achtzigjähriger" gleich klingen. Wenn du daher während einer Krankheit von einer Katze träumst, ist dies ein Anzeichen dafür, dass du wieder gesund werden und ein langes Leben haben wirst.

Zum Glück sind Katzen als Traumsymbol im Westen besser dran, gelten sie doch als Zeichen für Glück, Verspieltheit, Zufriedenheit, Intuition, Weiblichkeit, Fruchtbarkeit, Unabhängigkeit und einen Neuanfang. Einige dieser Assoziationen rühren von Bastet her, der ägyptischen Göttin der Liebe, der Fruchtbarkeit und des Zuhauses. Sie trug den Kopf einer Katze und den Körper einer Frau.

Katzen werden auch mit Hexen verbunden, was wahrscheinlich auf den mittelalterlichen Aberglauben zurückgeht, dass der Satan gerne die Gestalt einer schwarzen Katze annimmt. Tatsächlich ist dieser Aberglaube aber wahrscheinlich sehr viel älter, weil der griechischen Sage nach eine Frau namens Galinthias in eine Katze (genauer: eine katzenähnliche Wieselart) verwandelt und Priesterin des Hekate-Kultes wurde.

Eine Katze in einem Traum kann entweder positiv oder negativ gedeutet werden, je nachdem wie der Träumer oder die Träumerin im Wachzustand über Katzen denkt. Wer Katzen nicht mag, erlebt sie im Traum eher als furchterregende Tiere. Die Katze kann symbolisch Ängste und Schwächen der Träumenden offenbaren. Wer hingegen Katzen liebt, sieht sie als Hinweis auf positive Aspekte seines Charakters. Wenn die Katze in deinem Traum Liebe und Zuwendung braucht, dann ist dies ein Anzeichen dafür, dass du im Leben nicht alles bekommst, was du dir wünschst. Du solltest besser auf deine eigenen Bedürfnisse achten.

**Keiler**
Siehe Schwein.

**Kelpie**
Nach keltischer Überlieferung ist das Kelpie ein geheimnisvolles Wasserpferd, das in Schottland und Irland in Seen, Flüssen und Bächen lebt. Normalerweise ist es schwarz, es kann aber auch weiß sein. Seine Haut ähnelt der eines Seehundes, und seine Mähne ist stets triefend nass. Meist erscheint es als hübsches Pony, es kann aber auch die Gestalt eines schönen jungen Mädchens annehmen, um junge Männer in eine tödliche Falle zu locken. Außerdem verleitet es kleine Kinder, auf seinem Rücken zu reiten, reißt sie dann mit sich in die Tiefe und frisst sie auf. Dennoch heißt es, Kelpies hälfen Müllern beim Mahlen des Weizens, indem sie die ganze Nacht über das Mühlrad am Laufen halten.

Ein Traum von einem Kelpie ist ein Hinweis darauf, dass dir etwas Verlockendes angeboten wird, das du allerdings um jeden Preis ablehnen solltest, da es sich als teurer Irrtum herausstellen wird.

## Kentaur

In der griechischen Mythologie hat der Kentaur Kopf, Arme und Rumpf eines Mannes, aber Unterkörper und Beine eines Pferdes. In der Astrologie steht der Kentaur für das Sternzeichen Schütze. Der Kentaur symbolisiert die zwei Seiten des menschlichen Wesens und den Konflikt, der sich zwischen ihnen abspielt. Im Christentum steht der Kentaur für Sinnlichkeit sowie das animalische und das spirituelle Naturell des Menschen.

Ein Traum von einem Kentaur ist ein Anzeichen dafür, dass du zwei einander widersprechende Ansichten hast und gründlich nachdenken musst, bevor du dich für eine entscheidest.

## Kiwi

Der Kiwi ist ein flugunfähiger, fast blinder Vogel. Heimisch ist er in Neuseeland. Kiwis sind nachtaktiv und nutzen ihren ausgeprägten Geruchssinn, um Insekten und Würmer in der Erde aufzuspüren. Sie leben monogam, und normalerweise sitzt der männliche Vogel auf den Eiern.

Ein Traum von einem Kiwi ist ein Anzeichen dafür, dass du bisher schlafende Begabungen entwickelst und das Potenzial hast, es mit diesen neuen Fähigkeiten weit zu bringen.

## Koala

Der Koala ist ein pflanzenfressendes Beuteltier aus Australien. Koalas leben fast ausschließlich von Eukalyptusblättern. Da diese Blätter zu fünfzig Prozent aus Wasser bestehen, müssen sie kaum trinken. Tatsächlich bedeutet der Name Koala in der Sprache der Dharuk „kein Wasser". Die Dharuk waren das Aborigine-Volk, das auf dem Gebiet des heutigen Sydney lebte. Auch *Dingo*, *Wallaby* und *Wombat* sind Worte aus der Sprache der Dharuk. Koalas sind Tiere mit langsamen Bewegungen und einem langsamen Stoffwechsel. Sie schlafen täglich bis zu achtzehn Stunden.

Ein Traum von einem Koala ist ein Hinweis darauf, dass du langsamer machen und mehr Geduld haben solltest. Hektischer Aktionismus führt oft zu geringeren Ergebnissen als langsamer, stetiger Fortschritt.

## Kojote

Kojoten kommen in ganz Nordamerika vor. Als Raubtiere tragen sie zur Umweltpflege bei, weil sie Aas fressen, wenn sie keine kleinen Tiere jagen können. Bei den amerikanischen Ureinwohnern ist der Kojote der klassische Trickster. Einige Stämme betrachten ihn jedoch als die Verkörperung des Bösen und verbinden ihn mit Winter und Tod. Außerdem hat der Kojote einen Bezug zum Sex, weil die Kojoten-Männchen in dem Ruf stehen, wahre Satyrn zu sein.

Wenn du von einem Kojoten träumst, ist dies ein Anzeichen dafür, dass du etwas nicht erschaffst, weil du dir Sorgen machst, was andere denken oder sagen könnten. Der Traum kann auch mit Bedenken hinsichtlich deiner Sexualität zu tun haben.

## Kolibri

Kolibris sind winzige Vögel, die in der Luft schweben und sogar rückwärts fliegen können. Ihre Flügel können bis zu neunzig Mal in der Sekunde schlagen. Dies bezeichnet man als Schwirrflug. Kolibris erreichen Fluggeschwindigkeiten von bis zu achtundneunzig Kilometern pro Stunde.

Ein Traum von einem Kolibri ist ein Anzeichen für Freude, Glück und Positivität. Außerdem deutet er auf die Genesung von einer Krankheit sowie ein zufriedenes Familienleben hin.


## Komodowaran oder Komododrache

Der Komodowaran – auch Komododrache – lebt in Indonesien und ist die größte lebende Echse der Welt. Er kann bis zu drei Meter lang und über siebzig Kilo schwer werden. Der größte bekannte Komodowaran wog hundertfünfundsechzig Kilo. Fehlt ein Männchen, kann das Waran-Weibchen Nachwuchs durch Parthenogenese, sprich Jungfernzeugung, zur Welt bringen. Bis 1910 war der Komodowaran im Westen unbekannt. 1926 organisierte der Abenteurer William Douglas Burden eine Expedition, um ein Exemplar zu fangen. Er brachte zwei lebende Tiere in die Vereinigten Staaten, doch sie starben rasch. Seine Expedition inspirierte Burdens Freund, den Hollywood-Regisseur und Produzenten Merian C. Cooper (1893-1973), 1933 zu seinem Film *King Kong.*

Komodowarane werden oft als „lebende Dinosaurier" bezeichnet, auch wenn sie nicht direkt mit diesen verwandt sind. Ein Traum von einem Komodowaran signalisiert, dass du lange an einer Stelle verharrt bist und deine Einstellung, deinen Arbeitsplatz oder deinen Wohnort wechseln solltest, um nicht selbst als Dinosaurier zu gelten.

Siehe auch Drache und Eidechse.


## Krabbe

Siehe Krebs.

## Krähe

Bei den alten Griechen war die Krähe mit Monogamie verbunden. Den Kelten galt sie als heiliger Vogel, weil ihre Göttin Badb in der Schlacht in Gestalt einer Krähe erschien. In der Volksweisheit der amerikanischen Ureinwohner sind sowohl die Krähe als auch der Rabe Trickster, die ihre Gestalt nach Belieben wandeln können.

Ein Traum von einer Krähe deutet darauf hin, dass du Zeit für dich brauchst, um dir über deine Gefühle klar zu werden. Es ist eine Zeit der Innenschau, der Melancholie, vielleicht sogar der Trauer, aber du wirst gestärkt daraus hervorgehen. Früher galt die Krähe als ein Hinweis auf Ärger und Zwietracht. Überprüfe deshalb deine Gefühle, bevor du mit anderen sprichst. Sei freundlich.

## Krake

Der Krake mit seinen acht Fangarmen wird seit jeher mit der Hölle in Zusammenhang gebracht. Christen verbanden ihn mit Satan.

Ein Traum von einem Kraken ist ein Anzeichen großer unbewusster Konflikte und schmerzlicher Themen, mit denen man sich auseinandersetzen muss. Der Krake kann für jemanden stehen, der dich in vielerlei Hinsicht zu beeinflussen vermag. Er kann aber auch auf unbewusste Ängste hinweisen, die an die Oberfläche kommen. Dies ist ein positives Zeichen, denn wenn du erst einmal um sie weißt, kannst du die richtigen Maßnahmen ergreifen, um sie aufzulösen.

## Kranich

Nach römischer Überlieferung soll der Gott Merkur die Schrift erfunden haben, nachdem er beobachtet hatte, welche Form Kraniche beim Tanz und im Flug annehmen. Der Kranich gilt seit jeher als Sinnbild für langes Leben und Weisheit. Weil er sich im Flug hoch über die schmutzige, staubige Welt erhebt, gilt er als rein, sauber und von makellosem Charakter. Es ist ein gutes Omen, wenn du von einem Kranich träumst, denn dies bedeutet, dass du zu beruflichen Höhenflügen ansetzt. Noch besser ist es, wenn du von zwei miteinander fliegenden Kranichen träumst, denn dies bedeutet, dass andere dich in deinem Bestreben, beruflich und im Leben vorwärts zu kommen, unterstützen.

Ein Traum von einem Kranich, der von dir wegfliegt, ist hingegen kein gutes Omen, denn dies kündigt den Tod eines dir nahestehenden Menschen an.

## Krebs

Der Krebs ist das Symboltier des gleichnamigen Sternzeichens. Zwischen dem 22. Juni und dem 22. Juli steht die Sonne im Krebs.

Weil Krebse (zu denen auch die Krabben gehören) ihr Haus mit sich herumtragen, ist ein Traum von einem Krebs ein Anzeichen dafür, dass du die Fähigkeit besitzt, dir überall ein Zuhause zu schaffen und wahrscheinlich rund um Heim und Familie ein erfülltes Leben führst. Außerdem zeigt der Traum, dass du gut im Team arbeiten kannst.

Wenn dich allerdings ein Krebs beißt oder zwickt, dann ist dies ein Hinweis darauf, dass du Veränderungen kaum akzeptieren und nur schwer loslassen kannst.

## Krokodil

Siehe Alligator

## Kröte

Die Kröte ist normalerweise negativ besetzt. Man glaubte, wenn man eine Kröte berühre, bekomme man Warzen, und ein Blick in ihre Augen könne epileptische Anfälle auslösen. Außerdem galten Kröten als wichtige Zutat in einem Hexengebräu. In Ägypten symbolisierte die Kröte den Tod. Im Mittelalter wurde die Kröte zu einem Symbol der Wollust und der Zügellosigkeit, besonders in der christlichen Kunst.

1935 wurden hundertzwei Aga- oder Riesenkröten aus Hawaii nach Australien eingeführt, um den Zuckerrohr-Käfer einzudämmen, der die Ernten vernichtete. Das Experiment erwies sich als katastrophaler Fehlschlag, und heute gibt es in Australien über hundert Millionen Riesenkröten. Agakröten sind hochgiftig – und der Genuss ihrer Eier, der Kaulquappen oder der fertig entwickelten Kröte bedeutet für die meisten Tiere den sofortigen Tod. Ihr Gift tötet sogar Krokodile.

Im Osten gilt die Kröte als Zeichen für ein langes Leben. Eine alte Geschichte behauptet, Kröten trügen einen kostbaren Edelstein im Kopf. Darauf bezieht sich William Shakespeare, wenn er in *Wie es Euch gefällt* (Zweiter Aufzug, erste Szene) schreibt:

„Süß ist die Frucht der Widerwärtigkeit,
Die gleich der Kröte, hässlich und voll Gift,
Ein köstliches Juwel im Haupte trägt."

Im Osten gilt ein Traum von einer Kröte als Vorzeichen eines langen und glücklichen Lebens und vieler Söhne. Im Westen ist ein Krötentraum ein Hinweis darauf, dass du stärker an dich selbst glauben und selbstsicherer handeln solltest.

Siehe auch Frosch.

## Küchenschabe

Siehe Kakerlake.

## Kuckuck

In Tibet gilt der Kuckuck als heiliges Tier. In der chinesischen Provinz Sichuan achten die Menschen sehr genau auf den Ruf des Kuckucks, weil sie daran den richtigen Tag für verschiedene bäuerliche Arbeiten erkennen können. Ein Traum von einem Kuckuck ist daher ein Zeichen, dass deine Zeitplanung gut ist und du auf dem Weg zu deinem Ziel weiter vorankommst. Außerdem zeigt er, dass du anpassungsfähig und bereit bist, notwendige Veränderungen vorzunehmen.

Da der Kuckuck seine Eier in fremde Nester legt, kann ein Traum von einem Kuckuck auch mit Gefühlen der Treue und Zuverlässigkeit sowie mit einem entsprechenden Verdacht gegen deinen Partner oder deine Partnerin in Zusammenhang stehen.

## Kuh

Kühe versorgen die Menschen seit Jahrtausenden mit Milch, Käse, Fleisch und Leder. Im alten Ägypten wurden Kühe verehrt. Heilige Kühe wurden im Tempel der griechischen Göttin Hera bei Argos gehalten. In Indien gelten Kühe als heilig, weil sie Nahrung liefern. Im Buddhismus besteht eine enge Beziehung zwischen der Kuh und der allmählichen Weiterentwicklung des Menschen zur Erleuchtung.

Der biblische Josef erzählte viele seiner Träume. Außerdem deutete er zahlreiche Träume des Pharaos, darunter einen von sieben fetten und sieben mageren Kühen. Josef verstand diese als sieben reiche Jahre, auf die sieben Jahre Hungersnot folgten. Der Pharao handelte Josefs Deutung entsprechend und konnte Kornhäuser errichten, damit in den sieben Hungerjahren alle zu essen hatten (1. Mose 41, 17-38).

Im Westen symbolisieren Kühe das Mütterliche, weil sie Milch und Nahrung bieten. Milchkühe waren früher ein wertvolles Gut. Kühe gelten als sanfte, passive Tiere. Deshalb ist ein Traum von einer Kuh ein Hinweis darauf, dass du aktiver werden und dein Leben in die Hand nehmen solltest. Wenn ein Mann von einer Kuh träumt, ist dies ein Anzeichen dafür, dass er mit seiner weiblichen Seite in Kontakt kommt.

Siehe Stier und Ochse.

## Lachs

Lachse werden im Süßwasser geboren, leben dann im Meer und kehren schließlich zum Laichen wieder nach Hause zurück. Ihre bemerkenswerte Fähigkeit, an dieselbe Stelle zurückzufinden, an der sie vor Jahren geboren wurden, ist bis heute unerklärlich. In der keltischen Mythologie wird dem Lachs Weisheit und Klugheit zugeschrieben.

Ein Traum von einem Lachs ist immer ein positives Zeichen. Er zeigt, dass du Probleme überwinden und Erfolg haben wirst. Wenn du weit von deinem Geburtsort entfernt wohnst, dann ist ein Lachstraum ein Hinweis darauf, dass du besuchsweise zurückkehren solltest.

## Lamm

Siehe Schaf.

## Landschildkröte

Die alten Ägypter kannten einen Schildkrötengott mit Namen Apesh, der mit schwarzer Magie und dem Bösen in Zusammenhang stand. Im alten Griechenland verband man die Schildkröte mit Aphrodite, höchstwahrscheinlich wegen ihrer Fruchtbarkeit. In Afrika symbolisiert die Schildkröte Wissen und Macht. Auch gilt sie in gewisser Weise als Trickster, der sowohl Gutes als auch Böses bewirken kann. In China ist die Schildkröte seit jeher ein hochsymbolisches Tier. Einst glaubte man, unter dem Panzer von Land- und Wasserschildkröten lebten Götter.[12] Nach chinesischer Überlieferung trägt die Schildkröte die Welt auf ihrem Rücken, und ihre vier Beine geben die vier Himmelsrichtungen an.

Schildkröten symbolisieren Weisheit, Stabilität, langes Leben und die Fähigkeit, allem standzuhalten, was einem das Schicksal vorsetzt. Außerdem stehen sie für Fortschritt im eigenen Tempo. Wenn du von Schildkröten träumst, so bedeutet dies, dass du wachsen und gedeihen wirst, ganz egal, wie es im Moment um dich herum aussieht.

Siehe Wasserschildkröte.


## Leopard

Der Leopard ist ein einzelgängerisches Raubtier, das in Ost- und Zentralafrika sowie in einigen Teilen des südlichen Asiens vorkommt. In China wird der Leopard mit dem Mond, in Afrika hingegen mit der Sonne verbunden. Im alten Griechenland brachte man ihn mit Dionysos in Verbindung, der oft auf einem Leopard reitend dargestellt wurde.

Der Leopard wurde gelegentlich als der „große Beobachter" bezeichnet, weil die Flecken auf seinem Fell wie Augen aussehen.

Ein Traum von einem Leoparden ist ein Hinweis darauf, dass verborgene Aspekte deines Wesens – insbesondere sinnliche, erotische und gewalttätige Elemente – mit Vorsicht zu behandeln sind, um Konfrontationen mit anderen zu vermeiden. Wenn du während einer längeren Meinungsverschiedenheit von einem Leoparden träumst, dann zeigt dies, dass du deine Gegner mit Leichtigkeit überwältigen wirst. Ein Traum von einem Leoparden in einem Käfig besagt, dass ein Feind dir nichts anhaben kann. Greift dich ein Leopard im Traum an, so bedeutet dies Hindernisse auf dem Weg zu deinem Ziel.

Die englische Schriftstellerin Anna Kavan (1901-1968) verfasste eine Kurzgeschichte mit dem Titel „Ein Besuch", in der sie schildert, wie eines Nachts im Traum ein Leopard zu ihr kommt und sich neben sie ins Bett legt. Mit Freude beobachtet sie, wie sein Brustkorb sich rhythmisch weitet und wieder verengt, und sie genießt „seinen natürlichen Geruch, ein wilder, urzeitlicher Duft nach Sonnenschein, Freiheit, Mond und zerdrückten Blättern, vermischt mit der kühlen Frische des gefleckten Fells, noch klamm von der mitternächtlichen Feuchtigkeit der Dschungelpflanzen". Als sie am Morgen erwachte, war der Leopard verschwunden.[13]

## Leviathan

Der Leviathan ist ein riesiges mythisches Seeungeheuer, von dem in der Bibel die Rede ist (Hiob 41, 1-34; Psalm 74, 14; Psalm 104, 26, Jesaja 27, 1 und Klagelieder Jeremias 4, 3). Er wird als schlangenähnlich beschrieben, mit glühenden, stechenden Augen und schuppiger Haut. Der Leviathan kann Schiffe zertrümmern und frisst mit Vorliebe Menschen, die so leichtsinnig sind, im Meer zu schwimmen.

Ein Traum von einem Leviathan ist ein Hinweis darauf, dass etwas, was dir zunächst entsetzlich vorkam, nicht annähernd so schwierig wird, wie du dachtest. Du wirst vielleicht Kompromisse machen oder Anpassungen vornehmen müssen, aber das Ergebnis wird besser sein, als gedacht.

## Löwe

Der Löwe ist ein ausdrucksvolles Symbol für Stärke, Macht, Mut, Stolz und Führung. Kein Wunder gilt er als der „König des Dschungels". Bekannte Wendungen wie „Löwenherz" oder „er kämpfte wie ein Löwe" deuten darauf hin.

Der Löwe wird seit jeher mit der Sonne verbunden. Dies mag an seiner goldgelben Farbe oder vielleicht an der Mähnenform des männlichen Löwen liegen. Im alten Ägypten war der Löwe den beiden Sonnengöttern Ra und Horus zugeordnet. Aker, der Gott in Löwengestalt, bewachte das Tor, durch den die Sonne jeden Morgen an den Himmel trat.

Im Christentum wird der Evangelist Markus durch den Löwen symbolisiert. Der Löwe ist außerdem das Symbol des Stammes Juda, und Jesus Christus wird zuweilen als der „Löwe des Stammes Juda" oder der „Löwe Judas" bezeichnet.

Ein Löwentraum bedeutet, dass du Zugang zu deinen inneren Kraftreserven findest. Du wirst die notwendige Selbstsicherheit, Unerschrockenheit, Beharrlichkeit und Ausdauer finden, um dein Ziel zu erreichen. Am Ende wirst du sogar großen Erfolg haben. Wenn du von einem Löwenrudel träumst, wird man dir bald Führungsverantwortung übertragen. Träumst du von einem brüllenden Löwen, so bedeutet dies, dass du zu einem bestimmten Thema Stellung beziehen wirst. Löwenjunge im Traum signalisieren neue Freundschaften. Ein Traum von einer Löwenmutter mit ihren Jungen ist Anzeichen eines glücklichen Heims und Familienlebens. Wenn du im Traum einen Kampf gegen einen Löwen gewinnst, dann ist dies ein Hinweis darauf, dass du eine schwierige Situation bewältigen wirst.

Erschreckt dich der Löwe in deinem Traum oder schüchtert er dich ein, dann kann er für jemanden stehen, der dich bedroht oder dir Angst macht. Sehr wahrscheinlich ist dieser Mensch skrupellos und hat kaum oder gar kein Gespür für die Gefühle anderer.

Läuft der Löwe in deinem Traum vor dir weg, so zeigt dies, dass dein Stolz, deine Selbstsicherheit, dein Mut und deine Stärke dich vorübergehend verlassen. Du musst sie so schnell wie möglich wiedererlangen, um dich notfalls durchzusetzen.

In China stellt man regelmäßig ein steinernes Löwenpaar als Wächter an den Haupteingang öffentlicher Gebäude. Der Löwe auf der rechten Seite – von innen nach außen betrachtet – ist der männliche Löwe, der auf der linken Seite ist die Löwin.

## Luchs

Der sagenhafte Luchs war halb Hund, halb Panther. Man glaubte, er habe einen außergewöhnlich durchdringenden Blick. Wegen seines ausgezeichneten Sehvermögens nahmen die alten Griechen an, er könne Falschheit entdecken und sogar durch Wände sehen.

Der Luchs, wie wir ihn heute kennen, ist ein einzelgängerisch lebendes Tier mit ausgezeichnetem Gehör, aber nur mäßigem Sehvermögen. Im Mittelalter verband man den Luchs mit dem Teufel. Die amerikanischen Ureinwohner glaubten, der Luchs sammele Geheimnisse und verborgenes Wissen.

Wenn du von einem Luchs träumst, dann ist dies ein Hinweis darauf, dass du, um eine Situation wirklich zu durchschauen, dein inneres Sehvermögen nutzen und dann entsprechend handeln solltest.

## Maulwurf

Der Maulwurf ist ein kleines, unterirdisch grabendes Tier, das normalerweise in einem Gangsystem lebt. Durch das Graben entstehen die Maulwurfshügel. Mit ihren winzigen Augen können Maulwürfe hell und dunkel unterscheiden, aber nicht viel mehr. Sie verlassen sich auf ihre Nase, mit der sie sowohl fühlen als auch riechen. Maulwürfe sind die einzigen Säugetiere, die mit ihren Nasen auch unter Wasser riechen können. Angesichts der geheimen, versteckten Lebensweise der Maulwürfe im Untergrund verwundert es nicht, dass ein Spion, der bei einer Organisation arbeitet, um insgeheim Informationen für eine andere zu erlangen, als „Maulwurf" bezeichnet wird.

Ein Traum von einem Maulwurf ist ein Hinweis darauf, dass jemand insgeheim versucht, deine Position zu untergraben. Wenn du im Traum selbst der Maulwurf bist, deutet dies darauf hin, dass du versuchst, jemand anderen zu untergraben. Ein Maulwurf-Traum kann aber auch bedeuten, dass du mehr Zeit für dich brauchst.

## Maus

Die alten Griechen verbanden Mäuse mit der Göttin Aphrodite, denn sie galten als lüstern. Bei den Römern waren weiße Mäuse ein Glückszeichen. Im *Oneirokritikon* (etwa 350 u.Z.), dem in Rom und Griechenland beliebten Traumdeutungsbuch, schreibt dessen Verfasser Astrampsychos, der Anblick einer Maus im Traum sei ein äußerst verheißungsvolles Zeichen. Im Mittelalter verband man Mäuse mit Hexen und den Seelen der Verstorbenen. Weiße Mäuse galten interessanterweise als die Seelen von Menschen, die darauf warteten, geboren zu werden. Eine Mäuseplage wurde als göttliche Strafe für eine Missetat begriffen.

Mäuse gelten als flinke, bescheidene und ängstliche Tiere. Ein Mäuse-Traum kann daher ein Anzeichen für Gefühle der Verlegenheit, Zaghaftigkeit und Angst sein. Wenn in deinen Träumen Mäuse auftauchen, dann zeigt dies, dass du mehr Selbstsicherheit entwickeln solltest. Es zeigt allerdings auch, dass du zielstrebig bist und in aller Ruhe auf dein Ziel hin arbeitest. Wenn du von mehreren Mäusen träumst, deutet dies darauf hin, dass du gut in einer Gruppe oder in einem Team arbeiten kannst.

Wenn du in deinem Traum beim Anblick einer Maus in Angst oder Panik gerätst, heißt dies, dass du dich von etwas völlig Unwichtigem um dein Glück und deine innere Ruhe bringen lässt.

Treten die Mäuse in deinem Traum als Schädlinge oder Ungeziefer auf, so deutet dies darauf hin, dass du dich viel zu sehr um Kleinigkeiten kümmerst und dabei das große Ganze aus den Augen verlierst.

## Meerjungfrau

Die märchenhafte Meerjungfrau hat Kopf, Arme und Oberkörper einer jungen Frau, aber einen Fischschwanz. Meerjungfrauen sitzen auf Felsen und singen, wenn Schiffe vorüberfahren. Dies lenkt die Seeleute ab, und sie lassen ihr Schiff auf Grund laufen. Meerjungfrauen leben am Meeresgrund, und es heißt, sie ertränkten Männer auf dem Weg zu ihrer Lagerstatt.

Meerjungfrauen gelten seit jeher als Unglückszeichen und sind meist Vorboten einer drohenden Katastrophe. Ein Traum von einer Meerjungfrau ist ein Anzeichen, dass du nicht vollständig geschützt bist und jemand versuchen könnte, dich zu übervorteilen.

## Menschenaffe

Im Traum können Menschenaffen darauf hindeuten, dass du in einer bestimmten Situation flexibler sein musst. Sie können auch ein Hinweis darauf sein, dass du besser auf deinen Körper achten musst. Dazu gehört auch die körperliche Fitness, hauptsächlich aber bedeutet es, dass du für deinen Körper sorgen und darauf hören sollst, was er dir zu sagen hat. Außerdem solltest du im Moment unbedingt vermeiden, impulsiv zu handeln.

Siehe auch Affe.

## Minotaurus

Der Minotaurus ist eine Sagengestalt, die zum Wahrzeichen Kretas wurde. Er symbolisiert die rohen Leidenschaften der Natur. Der Minotaurus ist ein Mann mit dem Kopf eines Stiers. Bis der griechische Held Theseus ihn tötete, wurde der Minotaurus neun Jahre lang im Zentrum eines riesigen Labyrinths gefangen gehalten, das für König Minos angelegt worden war.

Weil der Minotaurus aufgrund des Betrugs des Königs Minos gezeugt wurde, ist ein Traum von einem Minotaurus ein Hinweis darauf, dass jemand versucht, dich zu betrügen. Prüfe alles, was dir im Leben wichtig ist, und achte darauf, dass alle Beteiligten ehrlich und aufrichtig handeln.

## Möwe

Möwen sind Raubvögel, die in den Küstenregionen der gesamten Welt vorkommen. Sie werden mit Transformation und der Fähigkeit verbunden, mit Veränderungen effektiv umzugehen. Wenn du von Möwen träumst, dann ist dies ein Anzeichen dafür, dass du dir hinsichtlich einer Veränderung in deinem Leben unsicher bist. Eine Zeit lang beunruhigt dich dies, aber die Möwen zeigen, dass du die notwendige Kraft und das Verständnis hast, die vor dir liegenden Veränderungen zu akzeptieren und schließlich sogar zu begrüßen.

## Nachtigall

Eine alte griechische Sage erzählt, dass Philomena in eine Nachtigall verwandelt wurde. Zum Schein hatte Tereus, der König von Thrakien, Philomena eingeladen, seine Frau zu besuchen. Doch als sie kam, vergewaltigte er sie und schnitt ihr dann die Zunge heraus, damit sie niemandem etwas sagen konnte. Doch Philomena erzählte ihre Geschichte, indem sie sie in ein Gewand einwebte, das sie Prokne, der Frau des Königs, schickte. Als Prokne die Nachricht in dem Gewand erkannte, zerstückelte sie ihren Sohn und setzte ihn dem Tereus zum Mahl vor. Als Tereus erfuhr, dass er seinen Sohn verspeist hatte, jagte er Prokne zu Philomena. Die Götter beobachteten dies und verwandelten alle drei in Vögel. König Tereus wurde zum Habicht, seine Frau Prokne zur Schwalbe und Philomena zur Nachtigall.

Nachtigallen gelten immer als ein positives Zeichen, das auf künftigen finanziellen Erfolg hindeutet. Singt die Nachtigall, dann ist dies ein Hinweis auf beruflichen Fortschritt, etwa eine Beförderung oder mehr Verantwortung. Wenn du krank bist und von einer Nachtigall träumst, bedeutet dies schnelle Genesung. Wenn du als Single von einer Nachtigall träumst, gilt dies als Vorzeichen dafür, dass du dich in Zukunft verlieben wirst.

## Nashorn

Das zu Pulver zerriebene Horn des Rhinozeros ist in Asien ein beliebtes Aphrodisiakum. Dies kommt wahrscheinlich daher, dass das Nashorn für die Kopulation bis zu einer Stunde braucht und der Bulle in dieser Zeit bis zu fünfzig Mal ejakulieren kann. Die phallische Form des Horns fördert zweifellos den Glauben an seine aphrodisischen Eigenschaften. Frühchristliche Schriftsteller kannten diesen Ruf des Nashorns offensichtlich nicht. Sie behaupteten, in Gegenwart einer Jungfrau lege es seine Wildheit ab und werde lammfromm.[14]

Das Nashorn lebte einst in China, und sein Horn gilt als Glücksbringer für Schüler und Studenten. Da man annimmt, dass fleißig lernende Menschen einen guten Charakter haben, ist ein Traum von einem Nashorn ein Anzeichen dafür, dass der Träumer diese Eigenschaften entwickelt. Im Westen gilt ein Traum von einem Nashorn als Hinweis darauf, dass deine starke Lebenskraft klug kanalisiert werden muss. Wenn ältere Männer von einem Nashorn träumen, bedeutet dies normalerweise, dass sie ihrer verlorenen Potenz nachtrauern.

## Nerz

Nerze sind fleischfressende Säugetiere und Bodenbewohner, die in der Nähe von Flüssen, Seen und Marschen leben. Es gibt zwei Arten: den amerikanischen und den europäischen Nerz. Ihr glänzendes Fell war für Bekleidung hoch geschätzt und entsprechend teuer.

Ein Traum von einem Nerz deutet an, dass eine Situation komplizierter sein könnte, als du glaubst. Überdenke die Sache noch einmal, bevor du den nächsten Schritt unternimmst. Wenn eine Frau träumt, dass sie einen Nerzmantel trägt, ist dies ein Hinweis auf einen eifersüchtigen Partner.

## Nilpferd

Siehe Flusspferd.

## Ochse

Der Ochse ist das Wahrzeichen des Evangelisten Lukas und der Priesterschaft. Ein Mensch, Löwe, Adler und Ochse (oder Stier) sind die vier Gesichter der Cherubim (Hesekiel 1, 10). Auf den meisten Darstellungen von Jesu Geburt steht neben anderen Tieren auch ein Ochse an Jesu Krippe. Der Ochse symbolisiert traditionell Zufriedenheit und eine nicht aggressive Stärke. Manchmal wird der Ochse mit Opferbereitschaft verbunden, weil er ein kastrierter Stier ist, der seine Männlichkeit aufgegeben hat, um seinem Besitzer zu dienen.

Der Ochse ist das zweite Tier im chinesischen Tierkreis. Mit dem chinesischen Wort *niu* werden Ochse, Stier, Kuh und alle anderen Lasttiere bezeichnet. Sehr viele Chinesen essen kein Rindfleisch, weil es von einem Tier stammt, das ihnen hilft, die Ernte einzubringen. Der Ochse wird mit Heim und Familie, aber auch mit dem Wohlstand der Familie verbunden.

Der Ochse symbolisiert den Frühling. Deshalb ist ein Traum von einem Ochsen ein gutes Omen, das für einen Neuanfang, Glück und Freude steht. Fette Ochsen deuten auf Aufstieg und Erfolg hin. Magere Ochsen zeigen, dass dein Vermögen schrumpfen wird. Ein Ochse ist außerdem ein Anzeichen dafür, dass du von Menschen des anderen Geschlechts bewundert wirst.

Siehe auch Kuh und Stier.

## Opossum

Das bescheidene Opossum, auch Beutelratte genannt, gehört zu den ältesten Säugetieren der Welt. Außerdem ist es das einzige Beuteltier Nordamerikas. Die wichtigste mit dem Opossum verbundene Symbolik hat mit seiner Fähigkeit zu tun, sich totzustellen. Wenn du also von einem Opossum träumst, ist dies ein Hinweis darauf, dass du dich nicht weiter „totstellen" darfst, sondern dich mit einem Problem oder einer Situation, die deine Aufmerksamkeit erfordert, auseinandersetzen musst.

## Otter

Die amerikanischen Ureinwohner erfreuen sich an den spielerischen Aspekten des Otters und betrachten ihn als Trickster. Außerdem verbinden sie ihn mit weiblicher Energie, Erde und Wasser.

In China symbolisiert der Otter häufige sexuelle Aktivität. Viele Chinesen glaubten, das Otter-Männchen sei so unersättlich, dass es sogar einen Baum begattete, wenn gerade kein Weibchen verfügbar war. Daher gilt ein Traum von einem Otter im Osten als Vorzeichen, dass sich dein Sexualleben unermesslich steigern wird.

Auch im Westen spielt das sexuelle Element eine Rolle, im Allgemeinen symbolisiert der Otter im Traum jedoch die Fürsorge für sich selbst und andere. Er ist ein Hinweis auf Glück, Zuneigung und Wohlbefinden.

## Panda

Der Panda ist ein in China heimischer Bär mit unverwechselbarem Aussehen. Er hat eine schwarze Zeichnung um Augen, Ohren und am Körper. Leider wurde ein Großteil seines Lebensraums zerstört, und er ist heute eine bedrohte Art.

Ein Traum von einem Panda zeigt, dass du anpassungsfähig bist und notfalls auch geduldig sein kannst. Er ist ein Anzeichen dafür, dass es in deinem Leben in nächster Zeit in allen Bereichen langsam vorangehen wird. Doch alles, was du in dieser Phase lernst, wird sich in der Zukunft als nützlich erweisen.

Siehe auch Bär.

## Papagei

Papageien kamen mit Alexander dem Großen aus Indien in den Westen. Der Papagei gilt oft als Symbol der Liebe. Dies liegt daran, dass Papageien ihrem Partner sehr ergeben sind und einander gerne gegenseitig das Gefieder pflegen. Im alten Rom hielt man Papageien als Haustiere und brachte ihnen Wendungen wie „Heil Cäsar" bei. Auch heute noch sind sie beliebte Haustiere. Papageien sind gesellige Vögel, die gerne mit dem Menschen, aber auch mit anderen Vögeln kommunizieren. Einer mittelalterlichen Legende zufolge hat ein Papagei die Geburt der Jungfrau Maria angekündigt. Daraus entstand das englische Wort *popinjay*, das im Mittelalter sowohl für Papageien als auch für die Jungfrau Maria verwendet wurde.[15]

Wenn du von einem Papagei träumst, deutet dies auf kommende erfreuliche Zeiten hin. Du wirst deine verbale Ausdrucksfähigkeit wirkungsvoll einsetzen und im Umgang mit anderen Takt, Feingefühl sowie einen ausgeprägten Sinn für Späße beweisen. Außerdem zeigt dir der Traum, dass du dich entspannen und aus allem das Beste machen solltest. Wenn der Papagei in deinem Traum unablässig plappert, ist dies ein Hinweis darauf, dass du zu viel auf Vertrauensbasis akzeptierst. Du musst über Gehörtes nachdenken und es einschätzen, statt Informationen einfach zu übernehmen und „wie ein Papagei" nachzuplappern.


## Pegasus

In der griechischen Mythologie ist der Pegasus ein geflügeltes Pferd, das von Poseidon gezeugt wurde. Überall, wo Pegasus einen Huf auf die Erde setzte, entstand ein Gesundbrunnen.

Ein Traum von einem Pegasus ist ein Anzeichen dafür, dass deine spirituelle Seite sich entwickelt und gedeiht. Du bist auf dem richtigen Weg und wirst schon bald neue Erkenntnisse gewinnen sowie die Chance erhalten, dich weiterzuentwickeln.


## Pelikan

Der Pelikan ist aus symbolischer Sicht ein interessanter Vogel. Einst glaubte man, er töte alle Nachkommen, die nicht gut aussähen, und erwecke sie drei Tage später mit dem Blut aus Wunden, die er sich selbst zugefügt hatte, wieder zum Leben. Deshalb wurde er zu einem Symbol elterlicher Liebe. Im Mittelalter veränderte sich die Geschichte etwas. Nun hieß es, der Pelikan füttere seine Kinder mit seinem eigenen Blut, bis er zu schwach dazu würde. Dann stürbe er. Daher wurde er zum Symbol für Christi Opfer für die gesamte Menschheit. In der christlichen Kunst gilt der Pelikan als Sinnbild für Jesus Christus sowie für die Nächstenliebe.

Wenn du von einem Pelikan träumst, dann bedeutet dies, dass du einen Plan oder eine Vorstellung vorübergehend aufgeben musst. Deine Ideen werden sich in deinem Unterbewusstsein weiterentwickeln, bis sie so weit gediehen sind, dass sie in die Tat umgesetzt werden können.

## Pfau

Wegen seiner Schönheit und zweifellos auch deswegen, weil er die meiste Zeit seines Lebens auf dem Boden verbringt, züchten Menschen seit Jahrtausenden Pfaue. In Ägypten war der Pfau dem Sonnengott Ra heilig, in Rom der Juno. In Indien ist der Pfau mit dem Donnergott Indra verbunden. Außerdem ist er eines von vielen Reittieren des Buddha. Für die ersten Christen war er ein Symbol der Unsterblichkeit und der Auferstehung: Der Unsterblichkeit, weil sie fälschlicherweise glaubten, tote Pfaue verwesten nicht, und der Auferstehung, weil Pfaue ihre prächtigen Schmuckfedern jedes Jahr im Herbst abwerfen und ihnen neue wachsen.

Im Westen ist ein Traum von einem Pfau ein Zeichen persönlicher Befriedigung. Du hast etwas Lohnendes erreicht; dies macht dich stolz und stärkt dein Selbstwertgefühl.

In der chinesischen allegorischen Malerei steht der Pfau für einen Staatsbeamten. Ein Traum von einem Pfau bedeutet jedoch, dass negative Einflüsse schwinden und das Glück vor der Tür steht. Außerdem symbolisiert der Pfau Schönheit und Vollkommenheit. Bei kreativen Menschen ist ein Traum von einem Pfau zugleich ein Vorzeichen für eine literarische Karriere.

## Pferd

Pferde werden mit Freiheit, Geschwindigkeit, Kraft und Erfolg verbunden. In den meisten Kulturen haben Pferde eine wichtige Rolle gespielt, und sie tauchen sogar in steinzeitlichen Höhlenzeichnungen auf, was zeigt, wie wertvoll diese Tiere zu allen Zeiten der Geschichte waren. Nach der griechischen Mythologie erschuf der Gott Poseidon das erste Pferd. In der christlichen Kunst dient das Pferd als Symbol für Mut, Ausdauer und Freigebigkeit.

Ein Traum von einem Pferd ist normalerweise ein positives Zeichen, weil er Ruhe und Zufriedenheit anzeigt. Ein Pferd zu besteigen oder ein Pferderennen zu reiten, deutet auf höheres Ansehen oder vermehrten Reichtum hin. Ein Pferd, das wütend wirkt oder versucht, dich abzuwerfen, ist ein Hinweis auf Spannungen und Unstimmigkeiten. Wenn es dir nicht gelingt, die Situation zu bereinigen, werden deine Pläne nicht aufgehen. Ist das Pferd verletzt, gefesselt oder eingezäunt, bedeutet dies, dass du in gewisser Hinsicht eingeschränkt bist. Ein Traum von einem Hengst ist ein Anzeichen ungenutzter sexueller Energie.

Ein Traum von einem weißen Pferd gilt seit jeher als Glück verheißend. Er deutet auf Fruchtbarkeit, Glück, Erfolg und Wohlstand hin. Für schwangere Frauen ist es durchaus nicht ungewöhnlich, von einem weißen Pferd zu träumen.

Ein Traum von einem schwarzen Pferd ist ein Anzeichen für ungewollte Veränderungen und Angst vor dem Unbekannten. Er kann auch für unerwünschte Aufmerksamkeit von jemandem stehen, aus dem du dir nichts machst.

Wenn du im Traum ein Pferd striegelst, ist dies ein Hinweis darauf, dass du Erfüllung darin findest, für andere zu sorgen. Normalerweise heißt das, dass du ihre Grundbedürfnisse wie Nahrung und Obdach erfüllst, aber auch, dass du Liebe und Unterstützung gibst.

Ein Traum von einem fliegenden Pferd mit Schwingen ist ein Anzeichen dafür, dass du dich von den Bemerkungen oder Hemmungen anderer nicht aufhalten lässt. Du kannst so hoch hinaus wie du willst.

Das Pferd ist das siebte Zeichen im chinesischen Tierkreis. Im alten China gab es eine Sekte, die Ahnenpferde verehrte. Ein Traum von einem oder mehreren Wildpferden deutet darauf hin, dass starke Instinktenergien sich vom Unbewussten zu lösen drohen. Diese

Energien sind unkontrollierbar und können Unheil anrichten, weil der Träumer versucht, sie zu unterdrücken. Wenn du träumst, dass ein Mann ein Pferd führt, das wertvolle Gegenstände trägt, dann gilt dies als Wunsch nach einer Beförderung.

Träume, in denen Pferde vorkommen, gelten als gutes Omen und stehen im Bezug zu Reisen, Besuchern und Neuigkeiten. Befinden sich die Pferde allerdings im Stall, bedeutet dies, dass Reisen, Besucher oder Neuigkeiten sich verzögern.

In der um 150 u.Z. verfassten *Traumdeutung* des Artemidorus findet sich die Schilderung eines Pferdetraumes. Ein Mann träumte, ein Freund habe ihm ein Pferd gesandt. Hinter dem Rücken des Freundes hatte der Mann jedoch eine Affäre mit dessen Frau. In dem Traum führte ein Bräutigam das Pferd zwei Treppen hinauf in das Schlafgemach, in dem der Mann schlief. Kurz danach verlor der Mann jegliche Verbindung zu seiner Geliebten. Artemidorus erklärte, das Pferd stünde für die Geliebte. Da ein Pferd unmöglich im zweiten Obergeschoss sein konnte, konnte auch die Beziehung zwischen dem Mann und seiner Geliebten nicht halten.[16]

## Phönix

Der Phönix ist ein Fabeltier, das fünfhundert Jahre alt wird. Dann fliegt er nach Heliopolis, wo er auf einem Altar vom Feuer verschlungen wird. Drei Tage später entsteht aus der Asche ein junger Phönix; dieser fliegt davon, um wiederum fünfhundert Jahre zu leben. Aufzuerstehen wie der Phönix aus der Asche bedeutet deshalb, dass jemand gescheitert ist, aber wiederkommt und schließlich großen Erfolg erringt. Der Phönix gilt traditionell als Zeichen für Auferstehung und Unsterblichkeit.

Der Phönix hat den Kopf eines Fasans, den Rücken einer Schildkröte und einen Fischschwanz. Er hat ein buntes Gefieder und wird im Feng Shui mit dem Roten Vogel des Südens gleichgesetzt. Der sagenhafte Phönix ist extrem selten, was möglicherweise daran liegt, dass Feen sehr gerne seine Eier essen.[17] Normalerweise wird er im Flug und in Begleitung vieler weiterer Vögel dargestellt.

Wenn in deinem Traum ein Phönix vorkommt, so ist dies ein Hinweis darauf, dass du neue innere Kraftquellen finden sowie zu Wohlstand gelangen und gute Ernten einfahren wirst. Es ist ein Anzeichen für Glück, Schutz und weltlichen Erfolg.

## Pinguin

Wegen ihres Watschelgangs an Land oder auf Eis gelten Pinguine in Träumen oft als komische Gestalten. Sie leben in der südlichen Hemisphäre, und obwohl die meisten Menschen denken, es gäbe sie nur am Südpol, sind einige auch in wesentlich gemäßigteren Zonen zu finden. Der Galapagos-Pinguin zum Beispiel lebt in Äquatornähe.

Pinguine tauchen kaum in Träumen auf. Wenn du aber doch einmal von einem Pinguin träumst, dann ist dies ein Anzeichen dafür, dass du gestresst bist und unter Druck stehst. Obwohl du damit zurechtkommst, könnten dir ein, zwei freie Tage unglaublich guttun.

## Rabe

Der Rabe wird seit jeher mit der Sonne verbunden und gilt als Götterbote. In China und Japan glaubt man, er stelle eine Verbindung zum Göttlichen her. Bei den alten Griechen war der Rabe dem Apollon heilig. Für die Römer war sein rauer Ruf ein Hoffnungszeichen. Einer alten Legende nach wurde Cicero (106-43 v.u.Z.) vor seiner Ermordung durch Rabenrufe vorgewarnt. Es heißt, sie flogen in sein Schlafzimmer und zogen ihm die Bettdecke weg. In

Indien gelten Raben als Todesboten. Die Bibel sieht sie jedoch als Symbol für Intelligenz und Weitsicht. Noah sandte einen Raben aus der Arche aus, der nachsehen sollte, ob die Wasser zurückgingen. Der Rabe kehrte erfolglos wieder, doch als er nach sieben Tagen noch einmal ausgesandt wurde, kam er mit einem Olivenblatt im Schnabel zurück, was Noah zeigte, dass die Wasser abflossen (1. Mose 8, 6-11)*.

Wegen seiner Farbe und seines seltsamen krächzenden Rufes gilt der Rabe zuweilen als böses Omen und Unglückszeichen. So schreibt Shakespeare in Macbeth (Erster Aufzug, fünfte Szene):

„Selbst der Rabe,
Der Duncans schicksalsvollen Eingang krächzt
Unter mein Dach, ist heiser."

Im Mittelalter wurde der Rabe mit Völlerei verbunden. Weil Raben einzelgängerisch leben, werden sie oft zum Sinnbild für Einsamkeit.

Raben symbolisieren außerdem die spirituelle und mystische Seite des Lebens. Daher erscheinen sie manchmal Menschen im Traum, die sich medial oder spirituell weiterentwickeln. In der christlichen Kunst symbolisieren Raben die göttliche Vorsehung.

Ein Traum von einem Raben kann jedoch auch eine Warnung vor drohenden Problemen sein. Du brauchst Zeit für dich, um darüber nachzudenken, wie du mit dieser Situation am besten umgehen kannst.

* In anderen Überlieferungen und Bibel-Übersetzungen war es eine Taube (Anm. d. Ü.)

## Ratte

Die alten Ägypter und Phrygier verehrten Ratten. Für die Ägypter symbolisierten Ratten sowohl ein gutes Urteilsvermögen als auch Zerstörung. Die Phrygier beeindruckte die Fähigkeit der Ratten, stets das frischeste Brot zu finden. Plinius schrieb, dass die alten Römer es als Glückszeichen betrachteten, wenn man eine weiße Ratte sah. Allerdings war alles, was von Ratten angenagt worden war, ein Unglückszeichen.

Seeleute glaubten, die Ratten verließen ein sinkendes Schiff schon im Vorhinein. So beschreibt Shakespeare in *Der Sturm* (Erster Aufzug, zweite Szene) „ein ausgeweidetes Gerippe von einem Boot, ohne Tauwerk, ohne Segel, und ohne Mast ... ein so armseliges Ding, das sogar die Ratten, vom Instinkt gewarnet, es verlassen hatten".

Die Ratte ist das erste Zeichen im chinesischen Tierkreis. Eine Erzählung erklärt, wie es dazu kam. Als die Tiere für den Tierkreis ausgewählt wurden, reihten sie sich mit dem Ochsen an der Spitze in einer Linie auf. Die schlaue Ratte allerdings sprang dem Ochsen auf den Kopf und stand damit bei der Auswahl der Tiere an erster Stelle. In den meisten Teilen Asiens ist die Ratte ein Glückssymbol. In Japan hilft sie dem Gott des Wohlstands. In der indischen Mythologie ist die Ratte mit Ganesha, dem klugen Gott und Beseitiger aller Hindernisse, verbunden. Künstler stellen den elefantenköpfigen Gott auf einer Ratte reitend dar.

In China gilt ein Rattentraum als Zeichen für Geld. Je mehr Ratten man sieht, desto mehr Geld erhält man.

Im Westen ist die Ratte seit jeher negativ besetzt. Sie wird mit Krankheiten, Hexen und dem Teufel verbunden. Wenn du von einer Ratte träumst, ist dies ein Anzeichen dafür, dass du auf einer unbewussten Ebene von Sorgen und Belastungen schier aufgefressen wirst. Jemand oder etwas „nagt" an dir, und du wirst erst wieder zur Ruhe kommen, wenn die Situation geklärt ist. Ratten können Gier, Aggression und Grausamkeit symbolisieren.

Allerdings können Ratten fast alles überleben. Daher kann ein Traum von einer oder mehreren Ratten auch ein Anzeichen dafür sein, dass du schwierigen Umständen standhalten und sie nicht nur überstehen, sondern dabei auch förmlich aufblühen wirst.

Ratten tauchen normalerweise dann in Träumen auf, wenn du an einer Unternehmung beteiligt bist, bei der es meist um Geld geht, und du dir der Integrität der übrigen Beteiligten nicht sicher sein kannst.

### Raupe

Raupen gelten als niedere Tiere, die sich auf halbem Wege der Verwandlung in einen Nachtfalter oder Schmetterling befinden. Wegen der verschiedenen Stadien, die sie durchlaufen, bevor sie als Nachtfalter oder Schmetterling daraus hervorgehen, gelten sie oft als Symbol der Reinkarnation. Ein Traum von einer Raupe signalisiert daher, dass du eine Phase der Transformation und des inneren Wachstums durchläufst. Dies geht oft mit Gefühlen von Abgeschiedenheit und Verzweiflung einher, die erst verschwinden, wenn du erkennst, dass diese Phase wesentlicher Bestandteil deines Wachstums und deiner Entwicklung ist.

### Rehe

Rehe sind mit Sanftmut, Zartheit und Verletzlichkeit verbunden. Ein Traum von einem Reh ist daher ein Zeichen, dass deine Zärtlichkeit, dein Mitgefühl und dein Verständnis gefordert sind, um jemandem zu helfen, der schutzbedürftig ist. Er kann aber auch ein Hinweis darauf sein, dass du sehr verletzlich bist und etwas fürsorgliche, verwöhnende Zuwendung gut gebrauchen könntest.

Früher glaubte man, Rehe würden Tränen vergießen. Heute weiß man jedoch, dass das, was man bisher für Tränen gehalten hat, in Wirklichkeit ein öliges Sekret der Tränendrüsen ist. William Shakespeare erwähnt die Tränen der Rehe:

„Es kam dahin ein arm verschüchtert Wild,
Das von des Jägers Pfeil beschädigt war,
Um auszuschmachten … und dicke runde Tränen
Längs der unschuld'gen Nase liefen kläglich
Einander nach." (*Wie es Euch gefällt*, 2. Aufzug, 1. Szene, übersetzt von August Wilhem Schlegel, Aufbau 1975)

In China handeln viele Sagen vom Reh. Das Wort für „Reh", *lu*, ist gleichlautend mit dem Begriff für „Wohlstand". Rehe gelten außerdem als Zeichen für ein langes Leben, denn das Geweih des Rehbocks gehört zu den Ingredienzien einer Naturarznei, die ein langes Leben fördern soll. Wenn man von einem Reh träumt, gilt dies in China daher als ein Vorzeichen finanziellen Wohlstands und langen Lebens.[17]

Siehe auch Elch und Hirsch.


## Rhinozeros

Siehe Nashorn


## Robbe

Siehe Seehund

## Rotkehlchen

Eine bezaubernde Fabel versucht zu erklären, wie das Rotkehlchen
zu seiner roten Brust kam. Als ein Rotkehlchen die Dornen aus
Christi Krone ziehen wollte, blieb eine in der Brust des Vogels ste-
cken, und das Blut befleckte an dieser Stelle sein Gefieder. So kam
das Rotkehlchen auch gleich zu seinem Namen. Eine andere alte
Fabel sagt, Rotkehlchen bedeckten die Toten mit Blättern. Als sie
dies auch bei Jesus taten, kam ihre weiße Brust mit seinem Blut in
Berührung, und seither haben sie rotes Brustgefieder. In Großbritannien verbindet man Rotkehlchen mit Weihnachten und Winter,
in den Vereinigten Staaten hingegen mit dem Frühling.

Wenn du von Rotkehlchen träumst, ist dies ein Hinweis darauf,
dass sich dir neue Möglichkeiten eröffnen. Du musst sie sorgfältig
gegeneinander abwägen und ergreifen, was am besten zu dir passt.

## Salamander

Der Salamander ist ein amphibisch lebendes, echsenähnliches Tier,
das normalerweise feuchte Haut, einen schlanken Körper, einen langen Schwanz sowie vier Beine hat. Einige Salamander sehen jedoch
eher wie Aale aus, also ohne oder mit versteckten Beinen. Die meisten Salamander sind klein, doch der riesige Chinesische Salamander
kann bis zu einen Meter achtzig lang werden. Im Wachstum werfen
Salamander ihre äußeren Hautschichten ab und fressen sie auf.

In Träumen kommt allerdings häufiger das gleichnamige Fabelwesen vor. Er ist ein echsenähnliches Geschöpf, das im Feuer lebt.
Deshalb verband der Schweizer Arzt und Schriftsteller Paracelsus
(1493-1541) den Salamander mit dem Element Feuer. (Des Weiteren ordnete er der Erde die Zwerge, der Luft die Sylphen und die
Undinen dem Wasser zu.) Da der Salamander als Fabelwesen ge-

schlechtslos sein soll, wird er mit Keuschheit verbunden. Im Christentum symbolisiert er den tiefen Glauben eines Menschen, den die Feuer der Versuchung nicht locken.

Ein Traum von einem Salamander ist ein Zeichen der Reinigung. Du wirst einige negative Aspekte deines Lebens auslöschen und auf festerem, tragfähigerem Grund neu anfangen können.

## Satyr

In der griechischen und römischen Mythologie hat der Satyr Beine, Schwanz, Hinterteil und Ohren einer Ziege, aber Kopf, Arme und Oberleib eines Mannes. Er ist ein Naturgeist, der die Frauen und den Wein liebt und sich geschickt darauf versteht, der Arbeit aus dem Weg zu gehen. Weil er als faul, lüstern, sinnlich und unmoralisch gilt, verbanden ihn die ersten Christen mit dem Teufel.

Ein Traum von einem Satyr ist ein Anzeichen dafür, dass du versucht sein wirst, etwas zu tun, was ein wenig boshaft ist und eigentlich nicht so recht zu dir passt. Achte darauf, dass du anderen mit deinem Handeln nicht schadest, und wenn es dir dann richtig erscheint – nur zu.

## Schaf

Schafe sind schon seit annähernd neuntausend Jahren domestiziert.[18] Weil sich ein Hirte um sie kümmern muss, wurden sie zum Symbol für Schwäche, Unterwerfung und Hilflosigkeit. Außerdem galten sie als rein, was erklärt, warum sie in biblischer Zeit so häufig geopfert wurden. Das Lamm wurde obendrein zum Symbol Christi.

Wenn du von einem Schaf träumst, ist dies ein Hinweis darauf, dass du die „Herde" verlassen und selbstständig denken solltest. Ein Traum von Schafen und Wölfen ist ein Anzeichen dafür, dass

du versucht bist, etwas zu tun, was du normalerweise nicht tun würdest. Wie Schafe und Ziegen (besonders Böcke) symbolisieren auch
Schafe und Wölfe das Gute und das Böse.

Ein Traum von einem Lamm oder Lämmern steht für Unschuld
und Reinheit. Die augenscheinliche Schwäche, das kindliche Wesen und die Verletzlichkeit des Lammes verleihen dir die Fähigkeit,
das Böse zu überwinden.

Wenn du von einer Schafherde träumst, bedeutet dies, dass du in
eine Gruppe oder Organisation aufgenommen worden bist.

Das Schaf ist das achte Zeichen im chinesischen Tierkreis. Weil
das Schaf kniet, wenn es gesäugt wird, wurde es zum Zeichen starker Familiengefühle, insbesondere der Liebe zu den Eltern. Ein
Traum von Schafen ist in China Anzeichen starker, stabiler, näh-
render Familienbindungen.

### Schakal

Der ägyptische Gott Anubis hat den Kopf eines Schakals. Anubis
wiegt die Seelen der Toten, um festzustellen, wie gut oder böse sie
waren. Weil Schakale Aasfresser sind, glaubte man, sie trieben sich
auf Friedhöfen herum und suchten nach Leichen, die sie fressen
könnten. Im Hinduismus und im Buddhismus gilt der Schakal als
böse. In Afrika symbolisiert er Feigheit, und viele Menschen würden nie das Herz eines Schakals essen, weil sie befürchten, dann
selbst feige zu werden.

Ein Traum von einem Schakal ist ein Hinweis darauf, dass du
dich mit unglücklichen Erinnerungen und ungelösten Themen aus
der Vergangenheit befassen musst.

## Schildkröte

Siehe Landschildkröte und Wasserschildkröte

## Schimpanse

Mit Ausnahme von 1,5% haben wir unser gesamtes genetisches Material mit den Schimpansen gemein, und weil Schimpansen dem Menschen so ähnlich sind, faszinieren sie uns seit Urzeiten. Im 16. Jahrhundert bezeichneten portugiesische Entdecker die Schimpansen als „Pygmäen". Der Begriff „Schimpanse" wurde in Europa erstmals 1738 gebraucht. Er leitet sich von dem Bantu-Wort *kivilichimpense* ab, was „Schein-Mensch" bedeutet.

Schimpansen verständigen sich untereinander mit vielfältigen Gesten. Sie verwenden Werkzeuge und lernen schnell durch Nachahmung. Leider werden sie zu Nahrungszwecken gejagt, was bedeutet, dass ihre Anzahl jedes Jahr weiter zurückgeht.

Ein Traum von einem Schimpansen ist ein Hinweis darauf, dass sich in dir eine spielerische, fröhliche Seite zeigen will. Dies kommt häufig dann vor, wenn du über längere Zeit viel gearbeitet hast, und es ist ein Anzeichen, dass du mehr als urlaubsreif bist. Wenn ein Urlaub in nächster Zeit nicht möglich ist, solltest du entspannende Momente mit Freunden und Familie einplanen.

Siehe auch Affe.

## Schlange (als Fabelwesen)

Die Schlange hat einen schlechten Ruf, seit ein Exemplar ihrer Gattung Eva im Paradies mit der verbotenen Frucht in Versuchung geführt hat. Sie ist allerdings auch seit Langem ein Symbol der Ewigkeit, da sie einen Kreis bildet, wenn sie ihren Schwanz im

Maul hält. Bei den alten Griechen und Römern galt die Schlange
als Schutzgeist. In der Bibel symbolisiert sie Listigkeit, Weisheit
und den Teufel:

„Aber die Schlange war listiger als alle Tiere auf dem Felde, die
Gott der HERR gemacht hatte" (1. Mose 3, 1).

„Darum seid klug wie die Schlangen und ohne Falsch wie die
Tauben" (Matthäus 10, 16).

In 1. Mose 3, 1-6 verführt die Schlange Eva dazu, von der verbotenen Frucht zu essen.

Wenn du von einer Schlange träumst, ist dies ein Anzeichen ver-
drängter Energie, meist sexueller Natur. Normalerweise deutet ein
Schlangentraum auf Zweifel an der eigenen Attraktivität und Sexualität hin. Wenn du diese Energien als normal und natürlich akzeptierst, wird sich dein Leben in allen Bereichen verbessern.

Der englische Schriftsteller und Kunstkritiker John Ruskin (1819-
1900) schildert in seinen *Diaries* (Tagebüchern, Eintrag vom 1. November 1869) einen Traum von einer Schlange: „Wurde unruhig
– Geschmack in meinem Mund – und hatte den bisher schreck-
lichsten Schlangentraum meines Lebens. Die Tödlichste kam unter
einer Tür hindurch ins Zimmer. Sie richtete sich auf wie eine Kobra
– mit schrecklichen runden Augen und den Brüsten einer Frau oder
zumindest einer Medusa. Sie verfolgte mich von einem Zimmer,
wie unser hinterer Salon in Herne Hill, ins andere; aber ich griff
mir ein paar Marmorstücke von einem Tisch und warf sie nach ihr;
dies schüchterte sie ein und sie wich zurück; aber eine weitere kleine Schlange legte sich wie eine Leine fest um meinen Hals – und
nichts konnte sie von dort vertreiben."[19]

Siehe auch Basilisk und Schlange (als Tier)

## Schlange (als Tier)

Schlangen tauchen in Träumen häufiger auf als jedes andere Tier. Es gibt wohl mehr Ängste, Phobien und Aberglauben über Schlangen als über alle anderen Tiere zusammen. Die amerikanischen Ureinwohner verbinden Schlangen mit Heilung und Transformation. Auch bei den alten Römern war die Schlange mit Heilung verbunden, schließlich war sie das Symbol des Asklepios, des Gottes der Medizin und der Heilung. Auch heute noch ist das Symbol der Medizin der Caduceus, ein Stab, um den sich zwei Schlangen winden. Ursprünglich war der Götterbote Merkur der Träger des Caduceus.

Schlangenträume deuten darauf hin, dass dein Unbewusstes versucht, mit deinem Bewusstsein zu kommunizieren. Eine Schlange im Gras bedeutet, dass jemand versucht, dich zu unterminieren. Zum Mindesten ist der betreffende Mensch illoyal. Träumst du, dass die Schlange sich um dich schlingt, zeigt dies, dass du in gewisser Weise gehemmt, eingeschränkt oder gefangen bist. Wenn du von einer Schlange träumst, die ihren Schwanz ins Maul nimmt, versuchst du, deine spirituelle und deine körperliche Seite miteinander in Einklang zu bringen. Beißt dich eine Schlange, so deutet dies darauf hin, dass du dich mit deinen eigenen Gedanken und Gefühlen vergiftest.

Die Schlange ist das fünfte Zeichen im chinesischen Tierkreis. Im prähistorischen China wurden Schlangen angebetet, doch später wurden sie nach und nach zum Symbol für Verrat und das Böse. Daher variieren die Traumdeutungen je nach Verhalten der Schlange. Wenn eine Schlange dich im Traum verfolgt, ist dies ein Glückszeichen. Ein Traum von einer schwarzen Schlange kündigt die Geburt eines Mädchens an, eine weiße oder graue Schlange hingegen die eines Jungen. Wenn ein Mann von einer einzelnen Schlange träumt, deutet dies darauf hin, dass er bald eine neue

Freundin haben wird. In Taiwan glaubt man, wenn man von einer Schlange träumt, die sich um einen herumschlingt, wird schon bald eine wichtige Veränderung im Leben eintreten.

Obwohl die Schlange in der jüdisch-christlichen Tradition negativ besetzt ist, gilt ein Schlangentraum im Westen als positives Zeichen. Er ermutigt dich, dein wahres Ziel zu finden. Die Schlange wirft mehrmals im Leben ihre Haut ab. Sowohl für dich als auch für die Schlange markiert dies einen Neuanfang. Viele Menschen haben Angst vor Schlangen, aber im Traum von einer Schlange gebissen zu werden, bedeutet, dass du gezwungen wirst, eine neue, positivere Richtung einzuschlagen.

Mit der Schlange sind seit jeher sexuelle, insbesondere phallische Assoziationen verbunden. Träumt eine Frau von einer Schlange in ihrem Schlafzimmer, so ist dies ein Hinweis auf eine starke männliche Energie.

Wenn du im Traum eine Schlange tötest, bedeutet dies, dass du deine Feinde besiegen wirst.

Eine bedrohliche Schlange weist darauf hin, dass eine schwierige Situation kaum zu beherrschen sein könnte.

Siehe auch Schlange als Fabelwesen.

## Schmetterling

Der zerbrechliche, kurzlebige Schmetterling ist ein Symbol für Liebe und Schönheit. Im Osten glaubt man, eine verstorbene Frau könne ihrem trauernden Mann in Gestalt eines Schmetterlings erscheinen. Der Schmetterling kann auch für eine Liebesbeziehung zwischen zwei älteren Menschen stehen. In Japan symbolisiert der Schmetterling ein junges Mädchen, das zur Frau wird. In China ist er mit der Freude und dem Glück eines verliebten jungen Mannes verbunden.

Ein Traum von einem Schmetterling ist ein Hinweis auf ein langes Leben voller Liebe und Schönheit. Auch wenn jemand gestorben ist, kann ein Schmetterling im Traum erscheinen. Er symbolisiert dann die Seele des Verstorbenen und ihre Transformation nach dem Tod.

## Schnecke

Schnecken sind Weichtiere mit oder ohne Häuschen. Weil sie sich langsam bewegen, gelten Schnecken seit jeher als Symbol für Faulheit. Wer „im Schneckentempo" arbeitet, kommt langsam voran.

Ein Schneckentraum bedeutet, dass du mit Absicht langsam machst, wahrscheinlich um andere zu ärgern oder zu verwirren. Wenn du im Traum über Schnecken gehst, ist dies ein Hinweis darauf, dass du es in naher Zukunft mit unangenehmen Menschen zu tun bekommst.

## Schnepfe

Als Bezeichnung für Frauen, siehe Wachtel.

## Schwalbe

Die Bedeutung der Schwalbe unterscheidet sich in den verschiedenen Teilen der Welt beträchtlich. Für die alten Griechen war die Schwalbe ein Unglückszeichen, für die Römer hingegen ein äußerst günstiges Omen. Die Chinesen betrachteten sie als Symbol für Mut und Unternehmungsgeist, die Japaner hingegen als Symbol der Untreue. Eine Taube zu töten, gilt seit jeher als Unglück bringend. So schrieb der englische Dichter John Dryden (1631-1700):

„Vielleicht war deine Weitsicht blind,
denn Schwalben zu töten, Unglück bringt." (*The Hind and the
Panther*, Teil III)

Die Schwalbe gilt für gewöhnlich als Vorbote des Frühlings bzw.
des Sommers, da die Vögel jedes Jahr an denselben Ort zurückkehren, von dem aus sie in ihr Winterquartier aufgebrochen sind.
Das vielleicht berühmteste Beispiel hierfür sind die Schwalben, die
alljährlich um den 19. März in die Ruinen des Missionsklosters von
San Juan Capistrano in Kalifornien zurückkehren.

Ein Traum von einer Schwalbe ist ein Vorbote für großes Glück,
Kinder und angenehme Unternehmungen.

### Schwan

Schwäne symbolisieren seit jeher Anmut, Würde und Eleganz. In der
griechischen Mythologie ziehen Schwäne Apollons Wagen. Einer
griechischen Sage nach ging Apollons Seele in einen Schwan ein,
und seither tut die Seele jedes guten Dichters es ihr nach. Wegen
seiner reinweißen Farbe verbanden die Griechen den Schwan außerdem mit Reinheit und Keuschheit. Interessanterweise brachten sie
den Schwan auch mit der Gabe der Prophezeiung in Verbindung und
glaubten, er könne seinen eigenen Tod vorhersagen. Im Mittelalter
wurde der weiße Schwan aufgrund seiner reinen und keuschen Aspekte sowie seiner Schönheit zum Symbol für die Jungfrau Maria. Es
verwundert nicht, dass der schwarze Schwan mit dem Satan verbunden wurde. Einer alten Geschichte zufolge, die auf Platon und Aristoteles zurückgeht, singen Schwäne kurz vor ihrem Tod sehr schön.

Wenn du von einem weißen Schwan träumst, der auf dem Wasser schwimmt, ist dies ein Hinweis darauf, dass du deine Ziele auf

reibungslose, effiziente und scheinbar mühelose Art erreichst. Auch wenn du von einem schwarzen Schwan träumst, wirst du deine Ziele erreichen, aber es wird sehr viel Zeit und Mühe kosten.

## Schwein

Im Altertum war das Schwein das heilige Tier der Erdgöttin, und zwar deshalb, weil es schnell wächst, sich üppig vermehrt und eine reiche Ernte symbolisiert.[20] Wegen seines sexuellen Appetits und der großen Anzahl seiner Nachkommen galt das Schwein in Ägypten und Griechenland als Fruchtbarkeitssymbol. Die alten Kreter verehrten das Schwein, weil Zeus von einer Sau gesäugt wurde. Für Juden und Muslime ist es jedoch ein unreines Tier. Die alten Kelten beteten das Schwein an und betrachteten Schweinefleisch als höchste Delikatesse. Kerridwen und Phaea waren Schweine-Göttinnen. Im Mittelalter verband man das Schwein mit Gefräßigkeit, Sturheit, Völlerei und Zügellosigkeit.

Wenn du von einem Schwein träumst, ist dies ein Hinweis darauf, dass du dich so akzeptieren solltest, wie du bist. Ein Schweine-Traum deutet auf eine Zeit der Transformation hin, in der sich deine Ziele und Wünsche ändern. Wenn du von der Jagd auf Schweine träumst, bedeutet dies den Sieg über Hindernisse. Ein dreckiges, gefräßiges und unattraktives Schwein im Traum symbolisiert einen dir nahestehenden Menschen, der egoistisch, gierig, gemein sowie einzig und allein auf seine persönliche Befriedigung aus ist.

Mehr als die Hälfte aller Schweine, die es auf der Welt gibt, leben in China. Das Schwein ist das zwölfte und letzte Zeichen des chinesischen Tierkreises. Es symbolisiert Männlichkeit und weist auf eine starke männliche Präsenz im Leben des Träumers hin. In China gibt man schwangeren Frauen Schweinefleisch zu essen, weil es als nahrhaft für Mutter und Kind gilt. Schweinshaxe steht allerdings für Schwangerschaft, weshalb junge Frauen, die noch Jungfrau sind, es nicht essen sollten.

Im Osten gilt es als Vorzeichen für einen Erfolg, wenn man während eines Tests oder einer Prüfung von einem Schwein träumt. Der Träumer wird für seine gute Leistung geehrt werden.


## Seehund

In der Sagenwelt der nordischen Völker hat der Seehund stets eine wichtige Rolle gespielt. Selkies, also Geister aus der Mythologie der Shetland- und der Orkney-Inseln, erscheinen meist als Seehunde, können aber auch Menschengestalt annehmen. Die Kelten glaubten, dass gefallene Engel an Land zwar wie Menschen, im Wasser aber wie Seehunde aussähen.

Seehunde sind verspielte Tiere. Wenn du von einem Seehund träumst, ist dies ein Hinweis darauf, dass du das Leben viel zu ernst nimmst und dir eine verspieltere Einstellung zulegen solltest.


## Seestern

Der Seestern symbolisiert Regeneration, da er fehlende Glieder nachwachsen lassen kann. Ein Traum von einem Seestern ist ein äußerst positives Zeichen, weil Seesterne auch ein Symbol der Hoffnung sind. Er bedeutet, dass dein Leben immer besser wird.


## Skorpion

Im alten Ägypten war der Skorpion gefürchtet. Allerdings wurde er auch mit Hochachtung behandelt, und es gibt Darstellungen von Skorpionen mit dem Kopf der Göttin Isis. Gemäß der Bibel drohte König Jerobeam, sein Volk mit Skorpionen zu züchtigen (1. Könige

12, 11). In der mittelalterlichen Kunst wurden Skorpione als Symbol des Satans, aber auch des Todes und der Bosheit verwendet. In Mittelamerika glaubte man, Mutter Skorpion nehme am Ende der Milchstraße die Seelen der Toten in Empfang.

In der Astrologie ist der Skorpion das achte Zeichen des Tierkreises. Die Sonne steht jährlich vom 23. Oktober bis zum 21. November im Skorpion.

Für einen Traum von einem Skorpion gibt es im Wesentlichen zwei Deutungen. Die erste lautet, dass du womöglich von jemandes Worten oder seinem Verhalten verletzt (gestochen) worden bist. Die zweite besagt, dass du vielleicht kurz davorstehst, jemandem Schmerz oder Schaden zuzufügen und dir dein Vorhaben noch einmal gründlich überlegen solltest.

## Spatz
Siehe Sperling

## Specht
Spechte leben in Wäldern und bewaldeten Regionen der meisten Länder auf der Welt. Die über dreihundert Spechtarten können zwischen acht und fünfzig Zentimetern groß werden.

Ein Traum von einem Specht ist ein Hinweis darauf, dass jemand oder etwas versucht, deine Aufmerksamkeit zu erringen. Du wirst sehr gut zuhören müssen, um herauszufinden, worum es geht.

## Sperling
Sperlinge sind kleine braungraue Vögel, die fast alles fressen. Als Allesfresser können sie sich an so gut wie jede Umwelt anpassen.

Ein Traum von einem Sperling zeigt, dass du nicht nur überleben, sondern richtiggehend aufblühen wirst. Du bist mitfühlend, verständnisvoll und geduldig. Du verdienst Glück und bist in der Lage, jedes Hindernis oder Unglück, das sich dir in den Weg stellt, zu überwinden.

## Sphinx

*Der* ägyptische Sphinx hatte den Körper eines Löwen und den Kopf eines Pharaos. Er war ein Symbol königlicher Macht. In der griechischen Mythologie war *die* Sphinx ein Fabelwesen mit Menschenkopf (üblicherweise dem einer Frau), Stierkörper, Adlerflügeln und Löwenfüßen. Sie hatte eine menschliche Stimme. Die Sphinx ist äußerst weise und symbolisiert das Weltenrätsel. Sie war sozusagen die Expertin für Rätsel und gab sie besonders gerne Menschen auf, die vor die griechische Stadt Theben kamen. Wer das Rätsel nicht lösen konnte, den fraß die Sphinx auf. Als Ödipus die Frage, die sie ihm aufgegeben hatte, richtig beantwortete, tötete sie sich selbst. Sein Rätsel lautete: „Was geht am Morgen auf vier Beinen, am Mittag auf zweien und am Abend auf dreien?" Die Antwort lautet: „Der Mensch."

Ein Traum von einer Sphinx ist ein Hinweis darauf, dass du eine wichtige Frage stellen musst. Auch wenn du die Antwort wahrscheinlich bereits kennst, ist es wichtig, dass du die Frage aussprichst.

## Spinne

Die ersten Christen betrachteten die Spinne als Symbol des Satans, der ständig versucht, die Menschen ins Netz der Sünde zu locken. Die Navajo glaubten, die Spinnen hätten die Menschen die Kunst des Webens gelehrt. Wegen ihrer Fähigkeit, Netze zu spinnen, gilt die Spinne für gewöhnlich als Symbol für Kreativität. Faktisch sagt sie dir, dass du den Stoff deines Lebens auf deine ureigene, individuelle Weise weben sollst. Abergläubische Menschen glauben bis heute, dass es Glück bringt, wenn man eine kleine Spinne auf seiner Kleidung findet. Extrem kleine Zwergspinnen werden im englischen Sprachraum als *money spiders* (wörtlich: Geldspinnen) bezeichnet und gelten als Vorboten eines Geldsegens.

Ein Spinnentraum ist ein Aufruf zum Handeln. Er zeigt, dass du eine wichtige Entscheidung treffen musst. Du hast viele Möglichkeiten und musst gut überlegen, bevor du dich für eine entscheidest. Diese aber solltest du dann auch konsequent umsetzen.

Wenn du von einer Spinne in deinem Bett träumst, deutet dies auf eine sexuelle Hemmung und Angst vor Intimität hin. Besprich den Traum nach Möglichkeit mit deinem Partner und warte ab, ob er sich wiederholt. Mit Liebe und gutem Willen auf beiden Seiten werden diese Träume seltener und verschwinden schließlich ganz.

## Stachelschwein

Das Stachelschwein ist sanft und sieht harmlos aus, aber ein Tier, das einmal seine Stacheln zu spüren bekommen hat, greift es wahrscheinlich nie wieder an. Stachelschweine bleiben ein Leben lang zusammen und bringen pro Wurf – ungewöhnlich für einen Nager – nur ein Junges zur Welt.

Wenn du von einem Stachelschwein träumst, ist dies ein Hinweis darauf, dass du die sanfte, friedliebende Seite deines Naturells zu schätzen weißt, dir dabei aber bewusst bleiben solltest, dass es auch Zeiten geben kann, in denen du nachdrücklich für dich eintreten musst, damit du nicht zu kurz kommst.

Siehe auch Igel.

## Stier

Stiere sind bekannt für ihre Kraft, Sturheit und Aggressivität. Daher werden sie stets mit Männlichkeit verbunden. Stiere können auch auf instinktive Triebe sowie auf einen wichtigen und mächtigen Menschen in deinem Leben hinweisen. Wenn ein Mann von einem Stier träumt, könnte dies auf den Wunsch hindeuten, sich seiner männlichen Seite bewusster zu werden. Ein Stier kann auch für die männliche Seite in einer Frau stehen.

Ebenso gut können Stiere mit der Redensart „den Stier bei den Hörnern packen" verbunden sein. Dies bedeutet, dass du deine Wut und Aggression überwinden und dein Leben selbst in die Hand nehmen solltest.

Ein angreifender Stier ist ein häufiges Traumbild und kann eine Warnung sein, dass jemand versucht, dich in gewisser Weise zu schwächen. Der bekannte Jungianer Dr. Joseph Henderson notierte sich den Traum einer Patientin. Darin wurde sie von einem wütenden Stier verfolgt. Als sie erkannte, dass sie unmöglich vor dem Stier davonlaufen konnte, fiel sie auf die Knie und fing an, dem Stier etwas vorzusingen. Daraufhin stellte der Stier seine Verfolgungsjagd augenblicklich ein und fuhr ihr sogar mit der Zunge über die Hand. Dr. Henderson deutete dies als Hinweis darauf, dass die Frau in Zukunft mit Männern selbstsicherer, sexueller und weiblicher umgehen sollte, als sie dies bisher vermocht hatte.[21]

Die Opferung eines Stiers galt zu allen Zeiten als Zeichen des Sieges und des Erfolgs. Der persische Sonnengott Mithras opferte einen Stier zum Zeichen des Sieges des höheren Wesens des Menschen über seine primitiven und animalischen Leidenschaften. Wenn du im Traum einen Stier tötest, so ist dies ein Hinweis darauf, dass du die Herrschaft über deine niederen Instinkte erlangst sowie reifer und verantwortungsbewusster wirst.

Ein Traum von zwei kämpfenden Stieren gilt als Anzeichen für Disharmonie zwischen Familienmitgliedern, meist Geschwistern. Siehe auch Kuh und Ochse.

## Storch

Der Storch war der römischen Göttin Juno heilig, die Frauen, Ehe und Familie beschützte. Das beliebte Bild von einem Storch, der ein Baby bringt, hängt wahrscheinlich damit zusammen. Christen verbanden den Storch mit Christi Auferstehung, da der Frühling begann, sobald der Storch aus seinem Winterquartier zurückkehrte. In Schweden galt der Storch als heilig, weil man glaubte, er sei um das Kreuz Christi geflogen und habe „Styrka, Styrka!" gerufen, was „Stärke, Stärke!" heißt.

Wenn du von einem Storch träumst, kündigt dies Veränderungen in deinem Leben an. Dazu kann auch die Elternschaft gehören, wenn dies dein Ziel ist. Sitzt der Storch auf seinem Nest, so deutet dies auf Schwierigkeiten in der Familie hin, die besorgniserregend, aber nur von kurzer Dauer sind.

## Strauß

Plinius der Ältere schrieb im 1. Jahrhundert v.u.Z., der Vogel Strauß stecke den Kopf in den Sand. Dies war damals schon ein alter Glaube; allein, er trifft nicht zu. Dennoch ist ein Traum von einem Strauß ein Hinweis darauf, dass du „den Kopf in den Sand steckst", weil du versuchst, einer schwierigen Situation aus dem Weg zu gehen. Der Traum zeigt, dass du der Sache geradewegs ins Gesicht sehen und dich ruhig und vernünftig damit auseinandersetzen solltest. Träumst du hingegen von einer Straußenfeder, die auf dem Boden liegt, ist dies ein Hinweis auf einen Aufstieg.

## Taube

Im alten Griechenland war die Taube der Aphrodite heilig. Auch im Islam ist die Taube ein heiliger Vogel, weil sie Mohammed auf seiner Flucht aus Mekka beschützt hat. In den meisten Kulturen symbolisiert eine Taube Frieden, Unschuld, Liebe, Versöhnung, Erfüllung und Spiritualität. Dies geht wahrscheinlich darauf zurück, dass Noah nach der Sintflut drei Tauben aussandte. Eine kehrte mit einem Olivenzweig im Schnabel zurück, was als Zeichen der Aussöhnung mit Gott angesehen wurde. Eine weiße Taube symbolisiert außerdem traditionell den Heiligen Geist. Tauben sind darüber hinaus ein Symbol für die Seele, und die mittelalterliche Kunst kennt Darstellungen von Tauben, die aus dem Mund verstorbener Heiliger fliegen.

Wenn in deinem Traum eine Taube auftaucht, dann ist dies ein Anzeichen, dass du kreatives Potenzial besitzt, welches du aber noch nicht entwickelt hast. Du wirst auf zahllose Gelegenheiten zu kreativem Wachstum und Entwicklung treffen. Durch deine schöpferische Weiterentwicklung wirst du Zufriedenheit und innere Ruhe erlangen. Eine Taube deutet außerdem auf ein glückliches Heim und Familienleben hin.

## Tausendfüßler

Tagsüber findet man Tausendfüßler überall auf der Welt unter Rinden, Steinen und Abfall. Nachts kommen sie heraus und ernähren sich von anderen kleinen Wirbellosen. Sie haben zwischen vierzehn und hundertsiebenundsiebzig Beinpaaren, mit denen sie sich auf der Suche nach Beute sehr schnell fortbewegen können.

Wenn du von einem Tausendfüßler träumst, ist dies ein Hinweis darauf, dass du mit etwas ganz klein anfangen und es nach und nach zu etwas Lohnendem aufbauen wirst. Tausendfüßler stehen außerdem beispielhaft für Beharrlichkeit und zeigen, dass dich, sobald du einmal die ersten Schritte unternommen hast, nichts mehr von deinem Erfolg abhalten wird.

## Tiger

Weil der Tiger bis in frühchristliche Zeit im Westen unbekannt war, stammt die mit ihm verbundene Symbolik zum größten Teil aus dem Osten. Kali, die hinduistische Göttin des Erschaffens und Zerstörens, reitet einen Tiger. Der Zerstörer-Gott Shiva trägt ein Tigerfell. Tiger und Drache spielen eine wichtige Rolle in der Formenschule des Feng Shui.[22] Auch im Buddhismus sind Tiger und Drache unwiderstehliche Kräfte. Der Tiger ist das dritte Zeichen im chinesischen Tierkreis. Er symbolisiert Tapferkeit, Standhaftigkeit und Mut. Außerdem soll er Dämonen vertreiben können, weshalb man auf Grabsteinen zuweilen Tigerskulpturen findet.

Ein Traum von einem Tiger ist ein Vorzeichen, dass du schon bald einer Prüfung unterzogen wirst und dabei ehrlich, selbstsicher und mutig sein musst. Du wirst für dich selbst einstehen müssen oder aber für jemanden oder etwas, woran du glaubst. Wenn es dir gelingt, wird dir dies Anerkennung und eine Beförderung eintragen. Träumst du, du seist einem Tiger entkommen, ist dies ein gutes Omen, denn es bedeutet, dass dich in Kürze gute Nachrichten erreichen werden.

Das im indischen Nordosten beheimatete Volk der Ao Naga glaubt, wenn ein junges Mädchen träumt, sie werde von einem Tiger verfolgt, sei dies ein sicheres Anzeichen dafür, dass sich ein junger Mann in sie verliebt habe. Bei den Angami Naga heißt es, wenn ein verlobtes Paar von einem Tiger träumt, wird die Ehe sehr, sehr glücklich.[23] In Java gelten alle Träume, in denen ein Tiger vorkommt, als Glückszeichen. Sie kündigen an, dass der Träumer Respekt und hohen Status erlangen wird.[24]


## Truthahn

Am bekanntesten ist der Truthahn angeblich für seine Rolle beim Festmahl am amerikanischen Thanksgiving-Tag. Dort, in Nordamerika, ist er auch heimisch. Truthühner sind die größte Art der Hühnervögel und wurden bereits von den amerikanischen Ureinwohnern domestiziert. Der Konquistador Hernán Cortés brachte die ersten Haustruthühner nach Spanien mit. Von dort verbreiteten sie sich rasch über ganz Europa. Der deutsche Name soll auf den Ruf des Truthahns oder auf das mittelniederdeutsche Wort für „drohen" zurückgehen und sich in diesem Fall auf die typische Drohgebärde des Truthahns beziehen.

Ein Traum von einem Truthahn ist ein Zeichen, dass du in geschäftlichen und finanziellen Dingen gute Fortschritte machst. Wenn du im Traum Truthahnfleisch isst, kündigt dies baldiges Glück an.


## Tukan

Tukane sind bunt gefiederte Vögel mit großem Schnabel. Sie leben in Mittel- und Südamerika sowie in der Karibik. In Teilen Südamerikas wird der Tukan mit bösen Geistern in Verbindung gebracht, manche glauben sogar, die Vögel seien reinkarnierte Dämonen. Der Tukan gilt allerdings auch als Stammestotem, und Medizinmänner fliegen auf ihm in die Geisterwelt.

Ein Traum von einem Tukan zeigt, dass du dich frei in vielen verschiedenen Welten bewegen kannst. Wenn nötig, kannst du nachhaltigen Eindruck hinterlassen, und es wird für dich bald an der Zeit sein, Stellung zu beziehen und deine Meinung offen und deutlich kundzutun.

## Ungeheuer

In einem Traum ist ein Ungeheuer ein Tier, das du nicht benennen kannst. Normalerweise erscheinen Ungeheuer in Albträumen und sind so furchterregend, dass der Träumer schweißgebadet aufwacht. Ungeheuer sind immer große und bedrohliche Tiere. Sie symbolisieren Teile unseres Naturells, die verdrängt oder verschwiegen wurden.

## Vogel

Weil die meisten Vögel fliegen können, heißt es, sie symbolisierten das höhere Selbst sowie eine Verbindung zwischen der materiellen und der geistigen Welt. Es ist normalerweise ein positives Zeichen, wenn ein Vogel oder mehrere Vögel in deinen Träumen auftauchen, weil dies bedeutet, dass dein Bewusstsein und dein Unbewusstes miteinander im Einklang stehen. Dies kann die spirituelle Weiterentwicklung fördern. Fliegende Vögel sind darüber hinaus ein Hinweis auf Ehrgeiz, Freiheit und grenzenlose Möglichkeiten. Vögel können außerdem von hoch oben auf die Welt schauen, und diese „Vogelperspektive" ermöglicht ihnen, eine Situation auf einen Blick zu erfassen.

Ein einzelner Vogel ist mit wachsender Unabhängigkeit verbunden und zeigt, dass du dein Leben entweder bereits jetzt oder in naher Zukunft selbst im Griff hast. Ein Vogelschwarm bezieht sich auf Zusammenarbeit und Kooperation mit anderen. Ein Vogel, der in einem Käfig gefangen gehalten wird, ist ein Anzeichen dafür, dass deine Kreativität und dein Gefühlsleben ebenfalls im Käfig sitzen.

Ein Traum von Vögeln, die sich zanken oder miteinander kämpfen, ist ein Hinweis auf Streit oder Uneinigkeit in der Familie. Die Situation will mit Bedacht angegangen werden, um langfristige Probleme zu vermeiden.

Ein oder mehrere Vögel, die dich im Traum angreifen, sind ein Hinweis darauf, dass andere deine Ideen und Vorschläge attackieren. Dies könnte sich zu ständiger Kritik und einem Unwillen, überhaupt anzuhören, was du zu sagen hast, auswachsen.

Ein Traum von einem Vogel, der ein Nest baut, deutet auf Partnerschaft, Fruchtbarkeit, Kinderwunsch und das Bedürfnis, ein Zuhause zu schaffen. Verlässt der Vogel das Nest, ist dies ein Anzeichen für Unabhängigkeit und den Wunsch nach Weiterentwicklung.

Siehe auch Adler, Albatros, Bussard, Eisvogel, Elster, Ente, Eule, Falke, Fasan, Gans, Geier, Habicht, Hahn, Huhn, Hüttensänger, Ibis, Kanarienvogel, Kiwi, Kolibri, Krähe, Kranich, Kuckuck, Möwe, Nachtigall, Papagei, Pelikan, Pfau, Phönix, Pinguin, Rabe, Rotkehlchen, Schwalbe, Schwan, Spatz, Specht, Storch, Strauß, Taube, Truthahn, Tukan und Wachtel.

## Wachtel

Wachteln galten einst als sehr verliebte Vögel, und Kurtisanen wurden im englischen Sprachraum zuweilen als „Wachteln" bezeichnet. Im Deutschen benannte man sie nach einer anderen Vogelart als „Schnepfen". Darauf spielt Shakespeare in *Troilus und Cressida* an, wenn er Thersites sagen lässt: „Da ist Agamemnon; eine gute, ehrliche Haut und Liebhaber von jungen Schnepfen." (Fünfter Aufzug, zweite Szene.)

Im ländlichen China waren Wachtelkämpfe, wie auch Hahnenkämpfe, sehr beliebt. Daher steht die Wachtel für Tapferkeit und Mut. Ein Traum von einer Wachtel zeigt, dass du den erforderli-

chen Mut hast, deine Ziele zu erreichen und dich höher hinauswa-
gen solltest, als du es jetzt tust. Träumst du von neun Wachteln, so
bedeutet dies, dass deine Nachkommen ein glückliches Leben in
Frieden und Harmonie führen werden.

## Wal

Wale sind in allen Weltmeeren zu Hause. Sie können zwischen drei
und über dreißig Meter groß werden. In der chinesischen Mythologie heißt es, ein riesiger Wal mit Menschenhänden und -füßen
herrsche über die Meere. Die berühmte Geschichte von Jonas, der
von einem Wal verschlungen wird, findet sich sowohl in der Bibel
als auch im Koran.

Ein Traum von einem Wal ist ein Anzeichen dafür, dass du deine
Vergangenheit erfolgreich hinter dir gelassen hast und nun – möglicherweise zum ersten Mal seit deiner Kindheit – dein wahres Ich
zeigst. Der Wal symbolisiert Verheißung, Hoffnung und den starken Wunsch, die Zukunft so gut zu gestalten wie nur irgend möglich. Du hast das Potenzial, die Kraft und die Fähigkeit, dass dir
alles gelingt, was du anpackst.

## Waschbär

In einigen Überlieferungen der amerikanischen Ureinwohner gelten
Waschbären als Trickster. Dies kommt daher, dass sie entschlossen,
gefräßig und neugierig sind sowie alles tun, damit sie kriegen, was
sie wollen.

Wenn ein Waschbär in deinen Träumen auftaucht, ist dies ein
Hinweis darauf, dass du den negativen Neigungen eines Tricksters
– also etwa lügen, hinters Licht führen sowie tratschen hinter dem
Rücken anderer – nicht nachgeben solltest. Du solltest diese Ge-

fühle akzeptieren, weil sie zu dir gehören, aber du darfst nicht nach ihnen handeln.

## Wasserschildkröte

Wasserschildkröten haben grundsätzlich dieselbe Bedeutung wie Landschildkröten. Da Wasserschildkröten jedoch sowohl an Land als auch im Wasser leben können, symbolisieren sie die Fähigkeit, logisch zu denken und zugleich tief zu empfinden. Der harte Panzer der Schildkröten steht für das Vermögen, sich vor verbalen und körperlichen Angriffen anderer zu schützen.

Siehe auch Landschildkröte.

## Wasserspeier

Traditionell schützen Wasserspeier Gebäude vor bösen Geistern. In Träumen werden sie manchmal als geflügelte Tiere mit Klauen, Schwanz und dämonischem Gesicht erlebt. Sie können sich jederzeit in Stein verwandeln.

Ein Traum von einem Wasserspeier ist ein Zeichen, dass du vor dem Neid, dem Geschwätz und der Bosheit anderer geschützt bist.

## Wiesel

Wiesel tauchen in Träumen nur selten auf. Sie symbolisieren Geschicklichkeit und Beweglichkeit. Ein Traum von einem Wiesel ist ein Hinweis darauf, dass du in einer aktuellen Situation vorsichtig sein solltest. Konzentriere dich auf dein Ziel. Sei so flexibel wie nötig und handele zum richtigen Zeitpunkt rasch.

Wenn du von einem wütenden oder unangenehmen Wiesel

träumst, dann bedeutet dies, dass jemand dir gegenüber nicht alle Tatsachen auf den Tisch legt. Sei vorsichtig, bevor du dich auf ein weiteres Vorgehen einlässt, und unterschreibe nichts ohne vorherigen professionellen Rat.

## Wolf

Romulus und Remus, die legendären Gründer Roms, wurden von einer Wölfin gesäugt, die daraufhin zum Wahrzeichen Roms wurde. In der griechischen Mythologie ist der Wolf dem Apollon zugeordnet, dem Gott des Lichtes, der Heilung und der Prophetie. Die amerikanischen Ureinwohner achten den Wolf seit jeher und benennen sich zuweilen nach ihm. Für sie ist der Wolf ein Sinnbild für Stärke, Ausdauer und Schlauheit. Nach christlicher Tradition ist der Wolf mit Satan und das Lamm mit Jesus verbunden. Der Wolf ist allerdings auch ein Wahrzeichen des heiligen Franziskus, der den Wolf Gubbio gezähmt haben soll.

Im Westen symbolisiert der Wolf Gier, Grausamkeit und Rache. Ein Traum von einem Wolf ist eine Warnung, dass jemand sich nicht als der erweisen wird, der er zu sein vorgibt, und der Träumer sich vorsehen muss, um nicht zum Opfer zu werden. Wenn du im Traum einen Wolf überwindest oder besiegst, zeigt dir dies, dass du alles überwinden wirst, was deinem Ziel im Wege steht. Beißt dich ein Wolf im Traum, so ist dies ein Hinweis darauf, dass jemand gegen dich arbeitet. Ein heulender Wolf bedeutet, dass ein dir nahestehender Mensch deine Hilfe braucht. Ein Rudel Wölfe zeigt deine Angst, jemand könnte dich betrügen.

Wölfe können auch deine niederen animalischen Instinkte symbolisieren. Ein Traum von einem aggressiven Wolf ist ein Hinweis auf verdrängte Sexualität.

Wölfe haben jedoch auch eine positive Seite, weshalb viele sie

sich als Totemtier aussuchen. Wölfe können auf das Bedürfnis hinweisen, sich selbst treu zu bleiben, sich auf seine Ziele zu konzentrieren sowie Sucht- oder Zwangsverhalten abzulegen.

## Zebra

Zebras sind gesellige Tiere mit typischen schwarz-weißen Streifen. Ihre Heimat ist Afrika. Ein Volksmärchen aus Namibia erzählt, dass Zebras ursprünglich weiß waren. Doch bei einer Meinungsverschiedenheit mit einem Pavian an einem Wasserloch,
verpasste das Zebra dem Pavian einen Tritt und stürzte dabei
in ein Feuer, das sein weißes Fell über und über mit versengten
Streifen überzog.

Ein Traum von einem Zebra ist ein Anzeichen dafür, dass du stets
deine Individualität wahrst, selbst in einer Gruppe Gleichgesinnter.

## Zentaur

Siehe Kentaur

## Zerberus

In der griechischen und römischen Mythologie war Zerberus ein
großer dreiköpfiger Hund, der die Tore zum Hades bewachte, damit
niemand, der den Styx bereits überquert hatte, wieder entkommen
konnte. Normalerweise hat Zerberus eine Schlangenmähne sowie
einen Schlangenschwanz. Die letzte Arbeit des Herakles (der häufig als Herkules latinisiert wird) bestand darin, Zerberus lebendig
gefangen zu nehmen. Herakles erfüllte diese Aufgabe unter großen
Schwierigkeiten und brachte Zerberus vor seinen König.

Ein Traum von Zerberus ist ein Anzeichen dafür, dass du dich in

gewisser Weise gehemmt oder eingeschränkt fühlst. Du solltest dir
und deinen Bedürfnissen Zeit und Raum geben.

## Ziege

Ziegen sind faszinierende Tiere. Sie sind intelligent, neugierig, immer zu Streichen aufgelegt und häufig auch aggressiv. Sie haben
eine ausgeprägte Persönlichkeit, sind gegenüber Menschen kontakt-
freudig, loyal und freundlich. Im Volksglauben gelten sie jedoch als
wollüstig, unzüchtig, stinkend und heimtückisch. In der Mythologie
kommen die Ziegen sogar noch schlechter weg, weil sie vom Teufel
erschaffen worden sein sollen und daher als dämonisch galten. In
krassem Gegensatz dazu steht Pan, der schelmische, gütige, sanfte
und freundliche Ziegengott.

Nach der griechischen Mythologie wurde Zeus als kleines Kind
von einer Ziege gesäugt. Im Christentum symbolisierte ein wol-
lüstiger Ziegenbock den Satan, und in der Bibel erzählt Jesus ein
Gleichnis von einem Hirten, der seine Schafe von den Ziegen
trennt, wobei er die Schafe zur Rechten, die Ziegen zur Linken
stellt. Nach dem Versprechen, die Schafe würden im Himmel ihren
Lohn erhalten, fährt Jesus fort: „Dann wird er auch sagen zu denen
zur Linken [den Ziegen bzw. Böcken]: Geht weg von mir, ihr Ver-
fluchten, in das ewige Feuer, das bereitet ist dem Teufel und seinen
Engeln!" (Matthäus 25, 41). Die Ziege ist zugleich dem Sternzeichen Steinbock verbunden, das für eine langsame, stetige und erns-
te Lebenseinstellung steht.

Aufgrund dieser widersprüchlichen Vorstellungen ist es nicht
immer einfach, die Bedeutung einer Ziege in einem Traum zu
erklären. Ein Ziegentraum kann darauf hinweisen, dass du deine
angeborene sexuelle Natur leugnest. Allerdings kann ein Traum
von einem Ziegenbock auch für Männlichkeit und der von einer

weiblichen Ziege für Fruchtbarkeit stehen. Manchmal bedeutet ein
solcher Traum, dass du etwas Dummes oder Boshaftes vorhast.
Umgekehrt kann er aber auch anzeigen, dass du zu ernst bist. Ein
Traum von einer Bergziege ist ein klares Anzeichen dafür, dass du
neue Projekte angehen solltest. Wenn die Ziege dich im Traum mit
den Hörnern stößt, ist dies ein Hinweis darauf, dass es im Leben
jemand auf dich abgesehen hat.

**Zikade**

Die alten Griechen hielten Zikaden als Haustiere. Platon zufolge
waren Zikaden ursprünglich Menschen, die sich so sehr ihrer Musik hingaben, dass sie vergaßen, für sich zu sorgen und starben. Nur
ihre Musik bewies noch, dass sie einmal gelebt hatten.

Zikaden leben jahrelang als Larven unter der Erde und täuschen
ihre Fressfeinde durch einen unberechenbaren Vermehrungszyklus.
Obwohl etwa 98% noch als Larve in der Erde sterben, schlüpfen
dennoch an einem Abend Billionen Tiere. Von ihren Fressfeinden
werden sie stark dezimiert; weil diese jedoch nicht alle jungen Zikaden fressen können, überleben ausreichend viele, um die nächste
Generation zu zeugen.

Ein Traum von einer Zikade kündigt an, dass dein „Winterschlaf"
seinem Ende zugeht. Du musst Pläne schmieden und dich auf einen
großen Schritt nach vorne vorbereiten.

Siehe auch Insekten.

# Schluss

Ich hoffe, dieses Buch hat dir Mut gemacht, stärker auf die Tiere in deinen Träumen zu achten. Du wirst feststellen, dass die Erkenntnisse, die du durch sie gewinnst, dir im Alltag weiterhelfen. Sie könnten sich allerdings durchaus auch in anderer Hinsicht als lohnend erweisen.

Der englische Schriftsteller Wilbur Wright hatte mehrere telepathische Träume. In dreien – aus den Jahren 1946, 1951 und 1954 – ging es um Pferderennen, was insofern überraschend war, als Wright noch nie eine Rennbahn besucht hatte. In jedem Traum fragte Wright jemanden, der neben ihm stand, welches Pferd „das große Rennen" gewonnen habe. Im ersten Traum erfuhr er, dass ein Pferd namens „Airborne" gewonnen hatte. Später entdeckte er, dass tatsächlich ein Pferd mit diesem Namen an einem Rennen teilnahm und die Wetten sechsundsechzig zu eins standen. Er erzählte seinen Traum einigen Freunden, aber keiner platzierte eine Wette. Da Wright sich nicht für Pferderennen interessierte, machte auch er sich nicht die Mühe. Als Airborne dann tatsächlich gewann, müssen sie sich wohl sehr über sich selbst geärgert haben.

Fünf Jahre später hatte Wright einen fast identischen Traum. Wieder stand derselbe Mann neben ihm und verriet ihm, Arctic

Prince würde das Epsom Derby gewinnen. Dieses Mal wetteten seine Freunde auf das Pferd und strichen einen satten Gewinn ein, weil Arctic Prince wirklich siegte. Erneut hatte Wright sich nicht die Mühe gemacht, Geld auf das Pferd zu setzen.

1954 träumte Wright noch einmal dasselbe. Dieses Mal wurde sein Traum jedoch luzide, und Wright erkannte, dass er träumte. Als er bemerkte, dass wieder derselbe Geselle neben ihm stand, rief er aus: „Oh nein, nicht Sie schon wieder!" Jetzt sagte ihm der Mann, ein Pferd namens Radar würde gewinnen. Nach dem Erwachen stellte Wright fest, dass am darauffolgenden Tag gar kein Pferd namens Radar an den Start ging. Allerdings lief ein Pferd namens Nahar beim Lincolnshire Handicap, und die Dame, bei der Wright wohnte, platzierte eine Wette. Natürlich gewann Nahar, aber Wright hatte wieder nicht gewettet.[1]

Obwohl Wilbur Wright seine präkognitiven Tierträume nicht nutzte, gibt es viele nachprüfbare Beispiele dafür, dass Menschen durch ihre Träume zu Geld kamen.

1946 erwachte der junge Oxford-Student John Godley nach einem Traum, in dem zwei Pferde in ihrem jeweiligen Rennen gewonnen hatten. Daraufhin beschlossen einige seiner Freunde, eine Wette zu platzieren. Beide Pferde gewannen, und Godleys Anteil betrug über hundert Pfund. Ein paar Wochen später träumte er wieder und erzählte seinem Bruder und seiner Schwester davon. Sie wetteten ebenfalls und machten einen Gewinn von über sechzig Pfund. Etliche Monate später hatte er erneut einen präkognitiven Traum, und wieder gewann sein Pferd. Godley hatte weitere Träume, doch nicht alle warfen Gewinn ab. 1958 gewann er bei einer Wette auf ein bestimmtes Pferd vierhundertfünfzig Pfund, doch dies war sein letzter großer Gewinn. Aufgrund seiner erfolgreichen Träume warb ihn der *Daily Mirror* als Journalist für Pferderennsport an.[2]

In den meisten Tierträumen geht es allerdings nicht um Pferde-

rennen. Dass ausgerechnet Träume über Geldgewinne gut dokumentiert sind, ist nicht weiter verwunderlich, denn die Vorstellung
von leicht verdientem Geld gefällt jedem. Doch praktisch alle Tierträume sind wesentlich wichtiger als Geldgewinne, weil sie den
Träumern wertvolle Erkenntnisse und Rat schenken und ihnen so
das Leben leichter und schöner machen.

Ich hoffe, dass die Informationen in diesem Buch auch dein Leben reicher und schöner machen.

# Anmerkungen

Einführung

1. Bei den mexikanischen Zapoteken wird das Kraft- oder Geisttier eines ungeborenen Kindes anders bestimmt: Wenn die Geburt unmittelbar bevorsteht, zeichnen die Verwandten der Mutter verschiedene Tiere auf den Boden der Hütte und wischen dann eines nach dem anderen wieder weg. Das Tier, das im Moment der Geburt des Kindes noch nicht weggewischt ist, wird sein Geisttier. Siehe Yvonne Aburrow, *The Magical Lore of Animals*, Capall Bann Publishing 2000, S. 12

2. Goh Kheng Yew und Wong Wai Kan, *The Sage and the Butterfly: A Guide to Chinese Dream Interpretation*, Rank Books 2001, S. 15

3. *The New Encyclopaedia Britannica, Macropaedia*, Band 5, Encyclopaedia Britannica Inc., 1983, S. 1011

4. Die Bibel enthält zahlreiche Traumbeschreibungen. Geschildert werden unter anderem der Traum von Abimelech (1. Mose 20, 3-8), die Träume des Mundschenks und des Bäckers des Königs von Ägypten (1. Mose 40, 5-19), der Traum des Pharao von den sieben fetten und den sieben mageren Jahren (1. Mose 41, 1-36), der Traum des Midianiters (Richter 7, 13-15), der Traum Salomos (1. Könige 3, 5-15), Nebukadnezars Traum (Daniel 2, 1-49) und Josephs Träume (Matthäus 1, 20-24 sowie Matthäus 2, 13).

5. Platon, *Der Staat*, Neuntes Buch, aus: *Sämtliche Werke*, Band 2, Berlin 1940, nach der Übersetzung durch Wilhelm Siegmund Teuffel (Buch I-V) und Wilhelm Wiegand (Buch VI-X) von 1855/56, http://www.zeno.org/ Philosophie/M/Platon/Der+Staat/Neuntes+Buch, abgerufen am 9.11.2015

6. Steven Starker, PhD, *Fantastic Thought*, Prentice-Hall 1982, S. 8.

7. Donald R. Goodenough, „Dream Recall: History and Current Status of the Field" in A. Arkin, J. Antrobus und S. Ellman (Hrsg.), *The Mind in Sleep: Psychology and Psychophysiology*, Lawrence Erlbaum and Associates, 1978, S. 130

8.   Willard Z. Park, *Shamanism in Western North America: A Study of Cultural Relationships*, Northwestern University 1938, S. 83

9    *The Jívaro. People of the Sacred Waterfalls*, Doubleday/Natural History Press 1972, S. 138-139

Kapitel Eins

1.   Ian Oswald, *Sleep*, revised edition, Penguin 1970, S. 67
2.   Ebendort, S. 68
3.   Carl Gustav Jung, zitiert in Fraser Boa, *The Way of the Dream: Conversations on Jungian Dream Interpretation with Marie-Luise von Franz*, Shambhala Publications 1992, S. 70
4.   Fraser Boa, *The Way of the Dream*, S. 84
5.   Robert Stickgold, zitiert in „Dreams Can Fix Memory", Artikel ohne Nennung der Verfasser im *New Zealand Herald* (Auckland) vom 27. April 2010. Die Erkenntnisse wurden ursprünglich veröffentlicht in Erin J. Warmsley, Matthew Tucker, Jessica D. Payne, Joseph A. Benavides und Robert Stickgold, „Dreaming of a Learning Task is Associated with Enhanced Sleep-Dependent Memory Consolidation", *Current Biology*, Band 9, Ausgabe 9 (April 2010), Abstract online unter http://www.cell.com/current-biology/abstract/S0960-9822%2810%2900352-0, abgerufen am 13.11.2015
6.   Alan Vaughn, PhD, „Intuitive Dreaming" in *Intuition*, Intuitive Media, August 1996, S. 10

Kapitel Drei

1.   Emil Preetorius; *Kunst des Ostens: Sammlung Preetorius*, Staatliches Museum für Völkerkunde, München, 1958
2.   Carl Gustav Jung, *Der Mensch und seine Symbole*, S. 20
3.   Ong Hean-Tatt, *Chinese Animal Symbolisms*, Pelanduk Publications 1993, S. 9-10
4.   K. C. Chang; *Art, Myth and Ritual: The Path to Political Authority in Ancient China,* Harvard University Press 1983, S. 74
5.   Ong Hean-Tatt, *Chinese Animal Symbolisms*, S. 28-33
6.   Aniela Jaffé, „Symbolism in the Visual Arts", Teil 4 von Carl Gustav Jung, *Man and His Symbols*, Arkana 1990 (Originalausgabe Aldus Books 1964), deutsch: „Bildende Kunst als Symbol", Teil 4 von Carl Gustav Jung, *Der Mensch und seine Symbole*, aus dem Englischen von Klaus Thiele-Dohrmann, Patmos 16. Auflage 2003 (Erstausgabe Walter 1968)
7.   Richard Webster, *Is Your Pet Psychic?*, Llewellyn Publications 2002. Dieses Buch enthält vielfältige Experimente, die dich bei der medialen Kommunikation mit deinem Tier unterstützen können.

Kapitel Vier

1. *Encyclopaedia Britannica*, 15. Auflage, *Macropaedia 18*, Encyclopaedia Britannica Inc. 1974, S. 529; deutsch: https://de.wikipedia.org/wiki/Totem, abgerufen am 20.11.2015

2. C. A. Burland, „Totem", in Richard Cavendish et al. (Hrsg.), *Man, Myth & Magic: The Illustrated Encyclopedia of Mythology, Religion and the Unknown*, Marshall Cavendish Corporation 1970, S. 2859

3. Joseph L. Henderson in Neil Russack, *Animal Guides in Life, Myth and Dreams*, Inner City Books 2002, S. 7

4. Joel Rothschild, *Signals: An Inspiring Story of Life After Life*, New World Library 2000, S. 83; deutsch: *Signale: eine inspirierende Geschichte über das Leben nach dem Leben*, aus dem Amerikanischen von Rita Höner, Goldmann 2000


Kapitel Fünf

1. Miranda und Steven Aldhouse-Green, *The Quest for the Shaman: Shape-Shifters, Sorcerers and Spirit Healers in Ancient Europe*, Thames & Hudson Limited 2005, S. 17 und 44

2. Margaret Murray, *The Witch-Cult in Western Europe*, Oxford University Press 1921, Kapitel VIII: „Familiars and Transformations", online einzusehen unter http://www.sacred-texts.com/pag/wcwe/wcwe08.htm, abgerufen am 25.11.2015

3. James George Frazer, *The Golden Bough: A Study in Magic and Religion*, Macmillan and Company 1922, S. 687; deutsch: *Der goldene Zweig: eine Studie über Magie und Religion*, aus dem Englischen von Helen von Bauer, ungekürzte Ausgabe in zwei Bänden, Ullstein 1941/1977 (Erstmals als „Abgekürzte Ausgabe" 1928 bei Hirschfeld erschienen)

4. Es gibt viele Übersetzungen von Amairgens Gedicht. Die hier verwendete Version stammt aus H. D'Arbois de Jubainville, *L'Epopée Celtique en Irlande*, Paris 1884, ins Englische übersetzt als *The Irish Mythological Cycle*, Figgis and Company 1903.

5. Nandor Fodor, *Encyclopaedia of Psychic Science*, NY: University Books 1966, S. 209-210 (Erstausgabe 1934)

6. Nandor Fodor, „Lycanthropy as a Psychic Mechanism", *Journal of American Folk-Lore*, Vol. 58 (1945), S. 301-316. Nachdruck in William R. Corliss, *The Unfathomed Mind: A Handbook of Unusual Mental Phenomena*, The Sourcebook Project 1982, S. 70-71.

7. Robert Eisler, „Therianthropy" in Edward Podolsky (Hrsg.), *Encyclopedia of Aberrations: A Psychiatric Handbook*, Philosophical Library 1953, S. 523

8. Juba Kennerley, *The Terror of the Leopard Men*, Stanley Paul and Company 1940, S. 14

9. J. H. Hutton, *The Sema Nagas*, Oxford University Press 1968, S. 271-273; Erstausgabe Macmillan and Company 1921.

10. Herbert T. White, *A Civil Servant in Burma*, Edward Arnold Limited 1913, S. 301

11. J. A. MacCulloch, „Lycanthropy" in J. Hastings (Hrsg.), *Encyclopaedia of Religion and Ethics*, Band 8, Charles Scribner's Sons 1916, S. 210

12. Helen Churchill Candee, *New Journeys in Old Asia*, Frederick A. Stokes Company 1927, S. 63-64

13. J. B. H. Thurston, „Tiger! Tiger!", *Natural History Magazine*, Vol. 44, Nummer 4 (1939), S. 241-245

14. Arthur Locke, *The Tigers of Trengganu*, Museum Press Limited 1954, S. 157

15. Robert Wessing, *The Soul of Ambiguity: The Tiger in Southeast Asia*, Northern Illinois University 1986, S. 14-15

Kapitel Sechs

1. L. G. Cashmore, *Dogs That Serve*, George Ronald 1960, S. 130.

2. Verité Reily Collins, *999 and Other Working Dogs*, WSN 2005, S. 20

3. Peter Browne, „The Healing Power of Pets", *Reader's Digest* (Ausgabe Asien), August 2000

4. Erika Friedman, Aaron H. Katcher, Sue A. Thomas, James J. Lynch und Peter R. Messent, „Animal Companions and One-Year-Survival of Patients After Discharge from a Coronary Care Unit", *Public Health Report 95* (1980), S. 307-312.

5. Deborah Halber, „Animals Have Complex Dreams", *MIT News*, 31. Januar 2001, http://news.mit.edu/2001/dreams-0131 (abgerufen am 3.12.2015) Siehe auch Deborah Halber, „Picower Researcher Explains How Rats Think", *MIT News*, 12. Februar 2006, http://news.mit.edu/2006/instant-replay (abgerufen am 3.12.2015) und Deborah Halber, „Memory Experts Show Sleeping Rats May Have Visual Dreams", MIT News, 18. Dezember 2006, http://news.mit.edu/2006/visual-cortex (abgerufen am 3.12.2015)

Kapitel Sieben

1. J. C. Cooper, *Symbolic and Mythological Animals*, HarperCollins 1992, S. 92-93

2. Joseph Banks, *Journal of the Right Hon. Sir Joseph Banks During Captain Cook's First Voyage in H.M.S. Endeavour in 1768-71 to Terra del Fuego, Otahite, New Zealand, Australia, the Dutch East Indies etc.*, Macmillan and Company 1896, S. 63

3. Marie Louise von Franz, *A Psychological Interpretation of the Golden Ass of Apuleius*, Spring Publications 1980, S. 122; deutsch: *Der goldene*

*Esel: Der Roman des Apuleius in tiefenpsychologischer Sicht*, aktualisierte Neuauflage, Verlag Stiftung für Jung'sche Psychologie 2004 (zunächst erschienen als *Die Erlösung des Weiblichen im Manne: Der goldene Esel von Apuleius in tiefenpsychologischer Sicht*, aus dem Englischen von Gisela Henney, Insel 1980)

4.  Enos A. Mills, *In Beaver World*, University of Nebraska Press 1990, S. 78-80 (Erstveröffentlichung 1913)

5.  Fang Jing Pei und Zhang Juwen, *The Interpretation of Dreams in Chinese Culture*, Weatherhill Inc. 2000, S. 49

6.  Frederick Greenwood, *Imagination in Dreams*, John Lane 1894, S. 196

7.  David Fontana, *The Secret Language of Symbols*, Chronicle Books 1993, S. 94; deutsch: *Die verborgene Sprache der Symbole*, aus dem Englischen von Gabriele Gockel und Rita Seuss. Redaktion der deutschen Ausgabe: Angelika Geese-Heinemann, Bertelsmann-Lexikon-Verlag 1994

8.  *Encyclopaedia Britannica, 15. Auflage, Macropaedia*, Band 2, Encyclopaedia Britannica Inc., 1983, S. 1031

9.  Elizabeth Caspari with Ken Robins, *Animal Life in Nature, Myth and Dreams*, Chiron Publications 2003, S. 61

10. Patricia Dale-Green, *Cult of the Cat*, Houghton Mifflin 1963, S. 18-19.

11. Wolfram Eberhard, *Lexikon Chinesischer Symbole*, Diederichs 1983; der Autor zitiert aus der englischen Übersetzung: *A Dictionary of Chinese Symbols*, Routledge and Kegan Paul Limited 1986, S. 58-59

12. Robert Wessing, *The Soul of Ambiguity: The Tiger in Southeast Asia*, Northern Illinois University 1986, S. 53

13. Anna Kavan (Pseudonym von Helen Woods), „A Visit", Kurzgeschichte aus *Julia and the Bazooka*, Peter Owen Limited 1970, deutsch: *Julia und die Bazooka*, aus dem Englischen von Helma Schleif, März-Verlag 1983

14. Carl Gustav Jung, *Collected Works, Volume 11*, Princeton University Press 1977, S. 408; deutsch: *Zur Psychologie westlicher und östlicher Religion*, Rascher 1963

15. Bruce Thomas Boehrer, *Parrot Culture: Our 2500-Year-Long Fascination with the World's Most Talkative Bird*, University of Pennsylvania Press 2004, S. 37

16. Artemidorus, *The Interpretation of Dreams*, ins Englische übersetzt von Robert White, Noyes Press 1975, S. 121

17. C. A. S. Williams, *Outlines of Chinese Symbolism*, Dover Publications 1976, S. 324. Es handelt sich um einen Nachdruck der dritten, ursprünglich 1941 bei Kelly and Walsh Limited in Shanghai erschienen Auflage. Die Erstausgabe erschien 1931 bei Customs College Press in Peking.

18. Ronald John Nowak, *Walker's Mammals of the World, Volume II*, John Hopkins University Press 1991, S. 1408

19. John Ruskin (ausgewählt und herausgegeben von Joan Evans und John Howard Whitehouse), *The Diaries of John Ruskin 1848-1873*, Oxford University Press 1958, Band 2, S. 267

20. Marija Gimbutas, *The Civilization of the Goddess*, HarperSanFrancisco 1991, S. 229; deutsch: *Die Zivilisation der Göttin: die Welt des alten Europa*, aus dem Englischen von Waltraud Götting und Ilse Strasmann, Zweitausendeins 2000

21. Joseph L. Henderson, „Ancient Myths and Modern Man" in Carl G. Jung, *Man and His Symbols*, Dell Publishing 1968, S. 131-132; deutsch: „Der moderne Mensch und die Mythen" in *Der Mensch und seine Symbole*, Patmos 2003, S. 137-141

22. Richard Webster, *Feng Shui for Beginners*, Llewellyn Publications 2002, S. 22

23. Richard Webster, *Feng Shui for Success & Happiness*, Llewellyn Publications 1999, S. 2

24. J. P. Mills, *The Ao Nagas*, Macmillan and Company Limited 1926, S. 294

Schluss
1. Colin Wilson, *Beyond the Occult*, Guild Publishing 1988, S. 154-155
2. Colin Wilson, *Mysteries*, Hodder & Stoughton Limited 1978, S. 147-149

# Literatur-Empfehlungen

Aburrow, Yvonne; *The Magical Lore of Animals*, Capall Bann Publishing 2000.
Aldhouse-Green Miranda und Steven; *The Quest for the Shaman*; Thames & Hudson Limited 2005
Andrews, Ted; *Animal Speak*, Llewellyn Publications 1993; deutsch: *Die Botschaft der Krafttiere: Was die Geschöpfe uns zu sagen haben*, aus dem Amerikanischen von Eluan Ghazal, Bastei-Lübbe 2000
*Animal-Wise*, Dragonhawk Publishing 1999
*The Art of Shapeshifting*, Dragonhawk Publishing 2005
Artemidorus; *Traumkunst*, aus dem Griechischen von Friedrich S. Krauss. Neu bearbeitet und mit einem Nachwort sowie Anmerkungen versehen von Gerhard Löwe, Reclam 1991
Bowater, Margret M.; *Dreams and Visions: Language of the Spirit,* Tandem Press 1997
Caspari, Elizabeth, with Robbins, Ken; *Animal Life in Nature, Myth and Dreams*, Chiron Publications 2003

Clark, Joseph D.; *Beastly Folklore*, The Scarecrow Press 1968

Cowan, James, *The Elements of the Aborigine Tradition*, Element Books Limited 1992; deutsch: *Offenbarungen aus der Traumzeit: Das spirituelle Wissen der Aborigines,* aus dem Englischen von Christina Cerny, Neuausgabe Lüchow 2004

Eisler, Robert; *Man into Wolf: An Anthropological Interpretation of Sadism*, Masochism, und Lycanthropy, Routledge and Kegan Paul Limited 1951

Frazer, James George; *The Golden Bough: A Study in Magic and Religion*, Macmillan and Company 1922; deutsch: *Der goldene Zweig: eine Studie über Magie und Religion*, aus dem Englischen von Helen von Bauer, ungekürzte Ausgabe in zwei Bänden, Ullstein 1941/1977 (Erstmals als „Abgekürzte Ausgabe" 1928 bei Hirschfeld erschienen)

Gongloff, Robert; *Dream Exploration: A New Approach*, Llewellyn Publications 2006

Guiley, Rosemary Ellen; *Dreamspeak: How to Understand the Messages in Your Dreams*, Berkley Books 2001

Hamel, Frank; *Human Animals*, The Aquarian Press 1973; Erstausgabe 1915

Kennerley, Juba; *The Terror of the Leopard Men*, Stanley Paul and Company 1940

King, Scott Alexander; *Animal Dreaming*, Circle of Stones 2003
    *Animal Messenger: Interpreting the Symbolic Language of the World's Animals*, New Holland Publishers Australia 2006

LaBerge, Stephen und Rheingold, Howard; *Exploring the World of Lucid Dreaming*, Ballantine 1990; deutsch: *Träume, was du träumen willst: Die Kunst des luziden Träumens*, aus dem Englischen von Almuth Braun, mvg-verlag 2014

Moss, Robert; *Conscious Dreaming: A Spiritual Path for Everyday Life*, Crown Trade Paperbacks 1996

Russack, Neil, *Animal Guides in Life, Myth and Dreams*, Inner City Books 2002

Steiger, Brad; *Totems: The Transformative Power of Your Personal Animal Totem*, HarperSanFrancisco 1997

Webster, Richard; *Is Your Pet Psychic?*, Llewellyn Publications 2002
    *Magical Symbols of Love & Romance*, Llewellyn 2007; deutsch: *Magische Liebessymbole: Düfte, Edelsteine, Blumen, Farben, Tarot*, aus dem Englischen von Dagmar Mallett, Silberschnur 2010

Wessing, Robert; *The Soul of Ambiguity: The Tiger in Southeast Asia*, Northern Illinois University 1986

# Die unglaublichen Fähigkeiten in der Tierwelt

**PSI bei Tieren**
Bill Schul
(ISBN 978-3-89427-597-6)
Paperback, 240 Seiten

Jeder, der schon einmal ein Haustier hatte, dürfte sich darüber gewundert haben, dass sein Hund oder seine Katze bestimmte Geschehnisse geradezu vorausgeahnt zu haben schien. Haben Tiere einen „Sechsten Sinn"? Die Antwort dieses Buches lautet ganz unmissverständlich: „Das haben sie tatsächlich!" Bill Schul hat in diesem Werk die unglaublichsten Berichte über die paranormalen Fähigkeiten der Tiere zusammengetragen. Im Tierreich gibt es offensichtlich Fähigkeiten, die weit über jenen der Menschen liegen. Tiere verfügen über Hellsichtigkeit, über ein Wahrnehmungsvermögen, das Zeit und Raum übersteigt und über eine phänomenale Gabe der Vorahnung. Alle diese Begabungen und noch weitere seelische Kräfte dokumentiert dieses aufrüttelnde Buch. Tiere sind unendlich viel begabter, als die meisten Menschen annehmen. Nach der Lektüre dieses Buches wird dieses Defizit behoben sein!

**Wie Tiere Seelen heilen**
Madeleine Walker
(ISBN 978-3-89427-753-6)
Paperback, 240 Seiten

Ein neuer, bisher unbekannter
Einblick in die geheimnisvollen
Heilkräfte unserer Haustiere!
Madeleine Walker ist eine der
angesehensten Therapeutinnen
der englischsprachigen Welt und
Spezialistin für die Beziehungen
zwischen Menschen und Tieren.
Sie verfügt über einen intuitiven
Zugang zu den Tierseelen, der es
ihr ermöglicht, tiefer auf die oft
schicksalhafte Bindung zwischen
diesen und ihren Herrchen oder
Frauchen zu schauen. Tiere sind, wenn sie vom Menschen nicht missbraucht werden, offen und ohne Falschheit. Diese Reinheit bildet den
Schlüssel, um in den Seelen jener Männer und Frauen, mit denen sie eine
Lebenswelt teilen, eine Note anklingen zu lassen, die sonst nicht zu hören
wäre. Wunderbare, das Herz bewegende Erlebnisse über die einzigartige
Verbindung zwischen Menschen und Tieren, die eine Liebe aufleuchten
lassen kann, die wahrhaft heilsam auf alle wirkt, die mit ihr in Berührung
kommen!

# Wie Haustiere unsere Probleme übernehmen

**Wenn Tiere ihre Menschen
spiegeln**
Rolf Kamphausen
(ISBN 978-3-89427-680-5)
Taschenbuch, 160 Seiten

Rolf Kamphausen arbeitet als
Tierarzt in eigener Praxis. An-
fänglich ist er verblüfft über eine
scheinbar seltsame Parallelität
zwischen den Krankheiten von
Tieren und ihren Besitzern, bis er
eines Tages die Gesetzmäßigkeit
erkennt, dass Tiere ihre Herrchen
und Frauchen spiegeln! Nachdem
er den Schlüssel zum Verständnis
der geheimnisvollen Verbindung
zwischen Mensch und Tier gefunden hat, erschließen sich ihm
Schritt für Schritt die Spiegelgesetze im Krankheitsverhalten der beiden.
Er entdeckt die Geheimnisse der „Organsprache" und vermag so den Tier-
haltern eigene Problemfelder aufzuzeigen, die diesen noch nicht einmal
aufgefallen waren. Ein weiterer Meilenstein zum Verständnis des Tierrei-
ches und seiner schicksalhaften Verbindung mit der Welt der Menschen!